竹内藤男陸軍主計大尉（右側）

山口武平海軍中尉

梶山静六陸士 59 期生、士官候補生

横田三郎海兵69期卒、海軍大尉

「次の戦争」に備える

筑波研究学園都市概成史

元化学技術戦略推進機構・
つくば管理事務所所長
安部 桂司

まえがき

筑波研究学園都市を語る時、その概成に力を尽くした竹内藤男知事、山口武平県議、梶山静六代議士の三人の政治家を挙げざるを得ない。

三人の共通項は敗戦である。

一九四三（昭和一八）年、ブーゲンビル島沖海戦の敗戦を受け、竹内藤男陸軍主計中尉はニューブリテン島に閉じ込められ、今村均司令官の指示を受けてイモ作りに青春の情熱を捧げた。

ブーゲンビル島沖海戦の敗戦によって撤退したラバウル航空隊の副司令・小園安名中佐が厚木航空隊司令としてB－29の首都爆撃を迎え撃つが、その小園司令の下で戦闘機の整備に従事していたのが海軍整備少尉であった山口武平氏であった。

また本土決戦に備えて、遠く満洲の空で飛行機の操縦訓練に腕を磨いていたのが梶山静六陸士五九期生であった。

竹内藤男は県知事として五選を果たしたものの、最後は収賄罪の疑いで逮捕されている。山口武平は県議を九期務め、自民党県連のドンといわれた茨城県政会の重鎮であった。県議会議長、自民党県連幹事長を務めている。

梶山静六は茨城県会議員を四期務め、国政へ進出した後、田中派重鎮から竹下派の立ち上げに参画し、国家公安委員長、官房長官など政府の中枢に位置した。

筑波研究学園都市の概成に尽力した竹内藤男知事、山口武平県議、梶山静六代議士の心を繋いだ赤い糸は、ブーゲンビル島沖海戦の敗戦であり、その戦いで戦死した横田三郎海軍中尉であろう。

横田三郎海軍中尉の実兄は、研究学園都市の中核に位置する谷田部町の横田栄一町長である。谷田部町は、研究学園都市建設にあたっての土地の買収では反対運動が燃え上がった。しかし横田町長にとって弟の戦死は「科学の戦いで負けた結果」だと受け止めていたから、井上春成（工業技術庁初代長官）の「次の戦争に備える」ための研究学園都市概成に尽力したのではないか。

目次

1　つくば地域政治の流れ

日本一無名な茨城県

二〇一七（平成二九）年、橋本県政は否定された。六期（一九九三年〜二〇一七年）続けるなかで茨城県のイメージは、今や日本で一番無名な県になってしまった。

今回の県知事選挙は、梶山自民党県連と公明党の連合軍対「橋本知事・市町村会」の戦いであった。橋本知事を推薦しなかった自民党県連は五期、六期目と二回も敗れてしまったが、ようやく雪辱を果たした。

つくば市政は朝鮮半島情勢へ直結してきていると言えば驚くことだろう。そのことについて追い追い述べていく。谷田部町渡辺安重氏は県会議員を三期務め、筑波科学万博（一九八五年開催）を沼尻民平谷田部町町長と共に誘致した功労者であるが、一番の功績は理化学研究所のＰ４施設の誘致に成功したことである。Ｐ４施設は危険性を帯びた細菌を扱う施設だということで風評被害も重なり反発が強まった。風評被害とは地価の暴落である。地元の強い反対を押さえ、誘致した功績は大きい。

だが、理化学研究所は世間の耳目を浴びず、じっとしておいて貰いたかったことだろう。というのも、オウム真理教が使用した生物兵器の元菌は理科学研究所から出ているからだ。世界の生物兵器関連書には、つくばの理化学研究所施設から北朝鮮へ「売られた」のではないかという疑念が書かれている。在韓米軍が理化学研究所の売却した細菌を防疫する訓練を行っているのに対して北朝鮮は、あらぬ疑いをかけた演習だと『労働新聞』紙上などで抗議している。

政争激しいつくば市

南牛（筆者）はつくば市民を二〇年以上前に辞めている。つくば市は、住むものにとって、本当に複雑な町であった。つくば市は一九八七（昭和六二）年三か町一村の合併で生まれた市（後に筑波町と茎崎町を編入）である。合併前は中心部を谷田部町と桜村が構成していた。桜村は「村にデパートができた、村が東京のデパートを誘致した」と自慢していた。過疎化の逆転の象徴だったが、市政が施行されてからのつくば市の政争が激しく、市長が五人も変わる。

つくば市の初代市長を務めた倉田弘氏は、最後の桜村長を務め、谷田部町、大穂町、豊里町、桜村の合併でつくば市が誕生すると市長に就任（一九八八年～一九九一年）し、八七歳で亡くなられた。上海の同文書院に学んだ方だった。就任時に筑波町が合併した。

二代目の市長は、谷田部町長を務めた木村操氏。一九九一年～九六年まで。二期目に逮捕される。

三代目は、桜村から県議を務めていた藤沢順一氏が就き、一九九六年～二〇〇四年まで二期務めた。就任時に茎崎町が合併した。

四代目は、旧大穂町の市原健一氏が二〇〇四年～二〇一六年まで三期就いたが、運動公園建設の住民投票に敗れた。

つくば市域は全国でも珍しい政争の激しい地域である。五代目の現市長五十嵐立青氏は、親が筑波移転後に誕生したいわゆる「新住民」である。旧住民が藤沢派や四代目市長派へ分裂し、その一方と旧住民の谷田部町内の反木村派や日共（日本共産党）、生活クラブ（ネット）などが手を握って誕生させている。

南牛が谷田部町松代五丁目に越したのは、一九七九（昭和五四）年の一二月だった。それから四〇年経て、四〇八号線を北へ向かっていると昔のことが走馬灯のように浮かんだ。四〇八号線は刈間、土浦学園線につき当たって右折、「山水」を通過すると「平城園」という店があった。松代居住は一九九五（平成七）年までだったが、当時の都心には見かけなかったビルが林立していた。藤沢勘兵衛氏ご自慢の西武デパートはもう撤退したようだった。

松代居住時代は、西武の前の喫茶店へ自転車で通ったものだ。喫茶店で、後に三代目市長となる藤沢勘兵衛氏の長男順一氏に会ったものだ。順一氏は市長選挙に再三敗れ、今は自宅でバラ作りの一方、地元病院の理事長や土地改良区の理事長を務めている。県議選の時は藤沢勘兵衛氏に頼まれて、かなり応援した。南牛が松代在住中は一度として負けていない。

2　研究学園都市案内

つくば市域の実力者

谷田部町役場に勤務していた横田彭哉氏は、谷田部町が「筑波研究学園都市」の誘致に賭けた目的は、谷田部町という自治体を発展させるための「相乗効果」にあったという。自立力を確立し（産業育成力・雇用力・税収力・教育基盤力・福祉力）、生活水準の向上を図り「定住力」「呼び込む魅力」をつけるためであり、医学部が設置された「筑波大学」は、医療過疎の当地にとって最も求められ、「研究学園地域と谷田部町の調和ある発展」が町政の指針（衛星都市構想）であった、と。

今の言葉で、「持続可能な地域の創成」である。

先日ＮＨＫテレビで、つくば生活では大きな住宅空間が獲得でき、東京へ通勤できるのはつくばエクスプレスの存在が大きい、と報じていた。研究学園都市を建設するとき、建設を立案計画した人達は交通不便を強めたと言われる。というのも、折角建てた公務員住宅へ住まずに東京から研究所へ通勤されては困る、と考えたからだ。

更に公務員住宅も、a、b、c、dの四階級の階級差を設けており、その上のe型住宅には、e1、e2、e3の三種があった。筑波大学ではe3からe2へ引っ越しするというと祝福されたという噂があった。b型は単身住宅で、林立する単身住宅は壮観であった。多摩ニュータウンに住宅を構え、筑波では単身住宅に住むのが研究者の夢、と言われたのは三〇年前であった。今、つくば市域の公務員住宅は壊されつつある。公務員住宅を張り巡らせた研究学園都市は、「満洲国の夢の残骸」のようでもあった。

つくば市の初代市長は倉田弘氏。二代目が木村操氏で、退職後、不慮の死を遂げた。但し、自身の活動を記した自伝まがいの本を書いている。三代目は藤沢順一氏で、大地主の出である。父親が立派過ぎだった。しかし、県議選に出た時の筑波大生買収事件が後を引いた。四代目は名前を出しづらい方だ。ハワイ旅行をスキャンダラスに『週刊新潮』に書かれた。

つくば市の歴代市長のなかで「庸才だ」と指摘されるのが、三代目の藤沢順一氏である。藤沢氏の場合、尊父の勘兵衛翁が余りにも偉大であったが故に、事あるごとに「親父に比べれば」とか、「親の七光りだろう」と言われた。本人はきわめて不満であったろう。外郭団体の部下の一〇〇億円詐欺事件や、「回らない風車」(後に詳述)を元自民党職員出身の助役に作らせたことなどで評判を落としてしまった。その後、四代目市長となる県議の挑戦に敗れ、その再選に挑むも敗れ、次に元厚生省の官僚を市長選に担いだが負けている。藤沢順一氏の人格を疑う市民は少ないが、側近の陣容が悪いと市民から見られている。

つくば市域都心の空洞化

藤沢市長の失策がある程度容認されたのは、部下のしくじりだと分かっているからだ。今でいう任命責任だが、そこが「庸才だ」とみなされる。

藤沢市長は戦前から大地主階級に所属していた。大地主階級とは、東北六県、そして新潟・茨城の両県しか存在していなかった水田五〇町歩以上の地主を規定する言葉で、戦後社会では地方政治から農地解放と重なって後退している。県議が対抗馬として市長選へ挑み、藤沢三代目市長を下し、四代目となる。この四代目を再選で辞めさせれば良かったのに、つくば市民は三選させる。三選されるとワンマンになる。自分の経営する病院の側の土地をかなり割高な値段で四五ヘクタールも市に購入させ、運動公園の建設を図ろうとする。市の公社は銀行からの借金で購入する。それが多くの市民の反感を買い、市民投票で運動公園は否決され、四選は断念する。

つくば市長として夢を語る著作を藤沢市長は出している。しかし、夢を語られているように市民には受け取られなくなった。つくばエクスプレスが開通した結果、ストロー効果で、終端駅にあった西武デパートの撤退となった。西武デパートは、旧桜村にデパートを誘致した藤沢勘兵衛村長の功績の一つであったのだ。

藤沢市長が書いた『生まれ変わる地方政治』という本を読んで、つくば市を「民主主義の先進都市」とする努力が問われるだろうと思った。

政治は結果責任である。結果として、村が市へ「発展」すると尊父の努力の成果であった桜村のデパート誘致の成果が潰《つい》え、筑波研究学園都市の「都心」が空洞化したのである。つくばエクスプレスができて、村のデパートより銀座のデパートへ行くようになってしまった。デパート撤退の後の政治は、旧態以前へ逆戻りをしてしまった。『生まれ変わる地方政治』の中の一句一句が響く。

西大通りを北上し、学園中央自動車学校を目指していたはずの南牛は道に迷ってしまった。刈間の自動車学校は知っていた。八〇年代はこの付近を軽自動車でよく徘徊したものだ。成島市左衛門市会議員が、門の付く名前だから、長屋門を新築したな、と余計なことを考えていたら、迷ってしまった。つくばというか、谷田部町居住時代の長屋門が何かと懐かしい。桜村の藤沢勘兵衛翁に「古い長屋門が自慢ですか」と問うたら、改築されてしまった。

あれこれ考えさせられるつくば市ではあったが、都心部まで三〇分で行けるところへ転居した。理由は、つくばでは東京が遠かったのだ。つくばエクスプレスの開通前は常磐線の荒川沖駅へバスで出るか、東京駅八重洲口行きの高速道バスを使うかであった。定年を前にして、理系の仕事から文系へ切り替えるには、東京でいろいろな研究会に顔を出す必要性に迫られていた。

ところで、未だに、南牛は恨みを抱いている人間がいる。東京工業試験所に勤務していると き、定年後に備えて文系の夜学へ行こうとした南牛を上司に押しとどめられてしまった。今でいうパワハラである。定年後共同研究している木村教授から「一〇年前に方針転換していれば」と言われて、当時の上司への恨みを新たにしたものだ。しかし、この間に学識の深い富田繁博士とめぐりあえたことで、南牛は人間として腐らずに生きることができた。

進行する周辺部の過疎化

つくば市域では、都心部の空洞化も心配だが、周辺部の過疎化も進行している。農業高校の廃校、筑波山麓周囲の小中学校の統廃合が深刻な問題を投げかけている。

西武デパートの撤退で都心部空洞化が心配されるつくば市だが、元市長の藤沢氏の責任もありはしないかと書いたら、それでは余りにも藤沢氏に厳しいだろう、との指摘を受けた。

合併前のつくば市域の重要部分を構成する谷田部町は、地方紙を賑わせた「谷田部騒動」の舞台である。谷田部町には戦時中、海軍の飛行場が建設された。土浦海軍航空隊は筑波台地一帯に飛行場を作り、対米戦争に備えた。横須賀の海軍基地・施設には小泉又次郎指揮下の小泉組が存在した。関東を二分する海軍施設土浦海軍航空隊には藤川組が存在し、小泉組と勢力を競っていた。小泉又次郎は横須賀市長から貴族院議員となり、人入れ稼業から脱する。藤川親分は霞ケ浦の干拓事業に乗り出し、やはり人入れ稼業を脱する。しかし、後にはそれぞれ役座（ヤクザ）組織が残された。横須賀のような大都市は、人入れ稼業と市民生活には距離がある。

それが研究学園都市の開発途中で谷田部町に関係する。つくば市の二代目の市長木村操氏には、武闘的雰囲気があり、その人入れ稼業的市政運営を脱しきれないでいるところに、谷田部に隣接する桜村から藤沢勘兵衛氏の息子、藤沢順一県議が対抗して市長選へ出馬した。三代目の藤沢市長にはその勇断に感謝する向きも多い。

3　筑波郡大地主・江戸英雄

江戸英雄と研究学園都市誘致

三井不動産の江戸英雄は旧筑波町出身であった。筑波町の前は作岡村で一九〇三（明治三六）年生まれ、北朝鮮建国の英雄・金策と同年だった。父五五歳、母四三歳の時の子供で、兄一人、姉三人の末っ子だったという。村立作谷小学校、県立下妻中学校から水戸高校へ、そして東京帝国大学へ、作岡村始まって以来の東大生であった。卒業後、三井合名に入社し、不動産課から文書課へ、敗戦後の財閥解体で三井不動産へ入り、社長に就任し東京湾の埋め立てから、霞が関ビル建設で名を世間に知られていく。

実家筋は五〇町歩の大地主だが、戦前の大地主の定義は五〇町歩以上の所有を指し、筑波山麓一帯では最下位の大地主だった。一番の大地主は数百町歩を所有する藤沢勘兵衛家であった。ただ、水海道周辺にも大地主が存在したが、農地改革で地域社会への政治・経済的な力を削減された。戦後社会で水田所有の大地主は影響力をなくしていったのだ。

ただ、常総台地を基盤とする大地主は水田を喪失しても平地林を広く所有していたので、政治・経済的発言力は衰えなかった。だから、水田所有が五〇町歩といっても、平地林を所有しているかどうかを見ないとその力は図りがたい。平地林を構成する赤松は常磐炭鉱への坑木として売られ、経済的価値が高かった。それに大きなケヤキは薪炭林を形成していた。

石油化学の登場は、石炭の存在価値を落とし、常磐炭鉱を閉山に追い込み、赤松の坑木が売れなくなった。次に、プロパンガスの登場で薪炭が売れなくなった。そうした状況が研究学園都市の誘致となり、江戸英雄氏の存在を大きくした。江戸氏は筑波郡内に親戚が多く、郷土出身の成功者であったからだ。後に、つくば都心部に三井ビルを建設し、また三井不動産が柏市内にゴルフ場を持っていることが常磐新線の敷設で影響力を発揮した。そして、鉄道沿線開発に期待がかかると思われた。

相次ぐ市長の失政

藤沢市長は二冊の著作を出し、市民へ働きかけようとした。しかし、市政では鳴り物入りで行った風車が回らなかった。失政と判断された。藤沢市長の地盤である旧桜村は戦前風車の村であった。その時の事情を掘り下げて取り組めば良かったが、東京からの売り込みに乗せられてしまった。

風車はオランダと同じく、水を組み上げるためのものであった。この常総台地は瀬戸内海に続いて降雨量の少ない地域である。井戸を掘り、水を組み上げて農業を行っていたのである。それでも農業には水が不足して、霞ケ浦の水を組み上げようとなる。藤沢勘兵衛村長の尊父、藤沢三郎翁が乗り出した事業である。祖父の代と違い、藤沢順一市長は水でなく、電気を生み出す風車の提案に乗ってしまった。ところが、各小中学校に設置した風車が回らなかったのである。回らない風車を設置したことは失政である。

また、藤沢市長は市内保守系県議同士の対抗意識を先鋭化させた。後に四代目市長となる一方の県議は「政治の病を治す」と強調して慶応大学・北里大学卒業の医師が登場した。このころのつくば市は都心部の空洞化など想像もつかず、西武デパートも繁盛していた。ただオールドタウンは、シャッター街化しつつも、それなりに持っていた。いくつかの由緒あるオールドタウンが壊滅するのは、藤沢順一市長を撃破し、英気を誇る四代目市原健一市長のときである。

「国策」に協力した切ないツケ

二〇一八（平成三〇）年六月二四日付『朝日新聞』茨城版には、四代市原市長の失政の跡である「運動公園の跡地」は「全体活用困難」と報じている。市は「用地全体を活用する計画は非常に困難」と地元に説明している。あそこは国策の名のもとに、坪千円で国が買い取った土地だが、それがUR（独立行政法人都市再生機構。通称UR都市機構）所有になり、四代市原市長が坪五万円で引き取ったという。URのつくば撤退である。

小泉内閣以降の国が引っ込む政策の一環で、つくば市域では公務員住宅跡地が整理されている。研究機関の特殊法人化によって公務員が消えたので公務員住宅が必要なくなった、という論理である。筑波研究学園都市の概成では、土地買収で成田（成田空港建設）のような闘争が起こらなかったのは、国が夢を持って入ったからである。それに水利の整備を進めている。

彰哉氏は、日本の癌患者が増えている現状から高エネルギー研究所の設備を活用した陽子線治療の活用を含む、大がかりな「癌治療センター」を国が持ってくるべきだという。

「国策都市つくば市の誕生にあたり合併推進側の竹内知事が、木村操谷田部町長に億を超える巨額の〝協力金〟を調達」したと当時の新聞は書いている。竹内知事のその辣腕ぶりに辟易した県民は、平穏な後継者橋本昌氏を選ぶ。この人、真面目で悪いことをしないからか、茨城県は知名度全国最下位となってしまった。ＮＨＫの人気朝ドラの舞台に北茨城辺りを登場させて貰ったけれど、知名度は上がらなかった。しかし、裏金三億円を貰ったと新聞に書かれた木村町長は、合併後もカネをばらまく市長選挙を行い、票をカネで買う信条を全国に伝えた。この間の後遺症が今も残っている。

敗戦後からかなりたっていたが、「お国のため」の意識は残っていた茨城県民は、研究学園都市の受け入れを国策として受け入れた。それが小泉政権の郵政民営化後は「国策」を悪い意味で使う、「国策捜査」「国策逮捕」などで、国策のイメージが低下する。国策で建設された都市建設のイメージも低下した。研究学園都市の都心部を構成するつくばエクスプレスの終着駅周辺が「国策」のイメージの悪化とともに寂れ、西武デパートの撤退となって空洞化へ向かっている。これでは何のために地域社会が協力し、受け入れてきたのか。筑波大学までも商売上の利益を上げないと存在が問われる雰囲気となっている。公務員住宅が林立した時代が懐かしい思い出となっていく。これで良いのかと旧住民は問うている。

4　歴代市長の失政

読めなかった国策の行方

筑波台地北端にある赤松は、坑木林として炭坑で重宝されたので農民の生活を支えていた。ところが、常磐炭鉱の閉山で用途を失ってしまった。箒《ほうき》トウモロコシの日本一の産地でもあったが、電気掃除機の普及で減少していった。そこに研究学園都市の建設が国から持ち込まれ、農家は坪千円で売却した。国策に協力したのである。その国策が怪しくなったのは、二〇〇〇（平成一二）年に国立研究所が解体されて法人化したころからである。研究者が国家公務員でなくなり、主任研究官が主任研究者となる。

この怪しい風は藤沢市長の時代から吹き始めていたのだが、この先何が起きるのか想像できないまま、次に俊敏な慶応ボーイが市長に就く。

郵政民営化の波で「国策」の風向きが悪いと判断し、国策に協力する農民に坪千円で提供させた土地の未利用になっていた四五町歩をＵＲは市長に甘言を弄《ろう》して、なんと坪五万円、五〇倍で売りつけたのである。南牛は、昨日（二〇一八年六月二六日）その四五町歩の土地を実際に見てきた。

四代目市原市長の評判がよくないのは、週刊誌に報じられたハワイ旅行のせいだろうと思っていたら、そうではないらしい。田舎では成功者が女の一人や二人できたって、別に評判を落とさないそうだ。そう言えば、元市長さんの中にもそういう噂のあった方もいた。恨みを買うような評判の悪さ、場合によっては「大山詣《おおやままい》り」をかけられるほどの評判の悪さは、研究学園都市の建設時の事情に由来するらしい。評判の悪さとは政敵を罠に嵌《は》める過程で生じる。

国は、筑波台地の買収では「余るほどの土地の提供は求めません。建設が終了してもし余ることが生じたら、自治体に寄付します」と申し出て、買収に協力を求めた。それなのに、四五町歩の余剰地ができたと、つくば市へ坪五万円で購入を求めた。「原野が坪五万円もするか」という話もあるが、余ったら寄付するという約束で坪千円で買収した土地を売りつける、それを市長経営の病院脇だから運動公園にするということで、深い恨みを買ったらしい。

日の丸印の人工都市つくば市

人工都市つくば市は、三つの郡（筑波郡、新治郡、稲敷郡）の六か町村の合併で作られた町である。市長は、今の五十嵐市長で五人目である。初代は旧桜村の倉田弘村長、二代目は旧谷田部町の木村操町長、三代目が新治郡選出の県議だった藤沢順一市長。藤沢市長は、前述したように、回らない風車を市立の小中学校に建てて、市民の信用を失墜した。主旨は良かったのだが、回らなければ電力は供給できなくて、税金の無駄使いとの攻撃を受けた。そして四代目が県議でもあった病院経営者の医師。

三代までは土地の人々の恨みを買って大山詣りをかけられる、というような酷い市政運営をしたわけではない。唯一、四代目市原市長の「四五町歩を坪五万円で買い上げ、運動公園にする」という案は、住民投票で八割の反対票で潰されたのである。土地に絡む恨みは根が深い。

土地価格に、つくば市民は敏感である。政府が首都圏移転を旗印に用地買収に入り、坪千円で購入していった。都市計画に入った場所は、不満でも買収に応じている。余りにも広大な計画であったので、大雑把な買収ではないかとの疑問の声が上がった。政府は、無駄な買収は一坪もなく、すべて日本のために使うこと、首都機能の一部移転を強調した。六町村の合併も、首都機能の円滑な運転に欠かせないのだと強調された。後の平成一七年だったか行われた町村大合併とは異なる〝日の丸印〟の合併だった。

潮の目が変わったことを知らせたのは、つくばエクスプレスの開通だった。この間、通産省が経産省に変わり、通産省傘下の工業技術院がなくなった。国立研究機関の消失である。公務員の大幅な減少ともなる。研究学園都市のかなりの部分を占めていた公務員住宅は消失し、公務員住宅用地が、大手不動産業者へと売られ始めた。坪千円の土地が、何十倍もの高値になっている。つくば市域の旧住民には政府が地上げした、と受け止められた。怨念は政府筋、URへ向けられた。

その怨念を跳ね返そうとUR筋が考えたのが運動公園構想だと指摘する声もある。確かに、その後怨念は四代目市長へ向けられたのである。

踏んだり蹴ったりのつくば市

つくば市の中心部の人口は増えている。逆に周辺部である旧筑波町地域は人口減少による過疎化が進み、小中学校の統廃合が行われている。つくば市域には二つの農業高校があり、筑波台地の農業を支える人材を供給していたが、谷田部農業高校は工業高校へ、豊里町の上郷農業高校は廃校になった。伝統ある筑波台地の農業は見捨てられたのであろうか。

人口集中地域のつくばエクスプレス沿線はマンションが林立し、小中学校が軒並み定員オーバーとなりつつある。研究学園都市の概成に伴うインフラが間に合わないのである。URなどが大手の都市開発業者へ公務員住宅の跡地を売り、住宅建設に走らせているからだ。西武デパートが撤退し、その後にタワーマンションが建てば都市開発の成功例となるが、それに伴うインフラ整備への負担をつくば市は求められる。これら大きな矛盾のマグマが徐々に拡大しているのが、現今のつくば市であろうか。

現つくば市長の難題は「広報つくば」(No.563)に記載されている「総合運動公園用地として取得した」土地(高エネルギー研究所の南側の隣接地四五・六ヘクタールに市費六六億円を投入して購入)である。この購入に引き続き、市費三〇〇億円を投入して整備しようとして、市民の反発を喰った。

二代目木村市長にも金銭的問題が生じていたが、起訴されている。そして庸才な三代目を経て、四代目の俊敏な市長は市費を投入し、国の地上げを支援した。実際はURが売り買いを担当しているが、「坪千円で買収された土地を五万円で買い求めることはあるまい」と反発され、怨念を買った。

現市長は、七選出馬の橋本県知事を選挙で応援した。七選もされればその政治力は強いだろうから、四五・六ヘクタールの問題で支援を仰げると判断したのだろうと見られているが、橋本氏の落選で崩れた。その後の大井川新知事は、橋本前知事を支援した首長へ厳しい対応をとっているので、県の後ろ盾が得られるかどうかである。

5　大山詣り

地上げ屋URに泣く市町村

『いばらき県議会だより』（No.204）が折り込みで配布された。つくば市域を選挙区とする日共（日本共産党）県議の発言が記録されている。日共の議員は、「廃止された公務員宿舎の跡地を公共用地として取得することを県に要望した。住民の意向に沿って土地を確保できるよう、国に働きかけられないか」と質問し、それに対して「現時点で市が当該土地を取得する意向はないが、今後、市から土地取得の意向が示され、県に対し協力依頼があった場合には、可能な支援を検討していく」と、県知事は当たり前、当然の答弁をしている。

つくば市は地上げ屋そこのけのURに悩まされている。研究学園都市の建設に伴う買収地の未利用地を「運動公園にしたら」というアドバイスを前市長に行い、市に売りつけた。茨城県内にはURの土地ころがしで多額の借金を抱え込んでいる市町村があり、運動公園を作らされた自治体から怨嗟の声が出ている。つくば市は土地取得で止まったからよかった。そのうえ前市長の提案した運動公園建設は市民八割の反対で中止された。

研究学園都市の建設に伴う用地取得の流れから、国が必要としなくなった土地は速やかにつくば市へ返すべきだと主張できないのだろうか。

筑波山麓の政治風土

南牛が公務員住宅から出てつくば市を脱出したのは、「大山詣り」から逃れたい、という側面もある。筑波山麓は独特の政治風土で、うらみ、つらみ、ねたみ、そねみ、いやみ、ひがみ、やっかみの横溢している地域である。政治的敗退者から「大山詣り」をかけられ、幾人も倒れたそうである。神奈川県にある「大山詣り」には北千住駅まで小田急電鉄が入っている。ここからは新宿駅まで行かなくても、北千住駅から行ける。

政敵への恨みの発露に、筑波山に行かず、はるばる小田急電鉄で神奈川県下の大山へ参拝する風習は、研究学園都市の概成へ向けての国の取り組みに関わる。強引な政争に引きずられ、ついて行けずに脱落すると理不尽を呪う。行先は大山しかないのだろう。

茨城県政界のドン、山口武平氏の死亡（二〇一八年七月二日）を新聞が伝えている。山口武平氏は旧制の水海道中学（現・水海道一高）の卒業生だ。つくば市は、旧筑波郡（谷田部町・豊里町・大穂町・筑波町）、稲敷郡（茎崎町）、新治郡（桜村）の境界に立地した。それで地方の政治に携わる者も、筑波郡は水海道中学、稲敷郡は龍ヶ崎中学、新治郡は土浦中学の出身が主流を占めた。

ちなみに、つくば市の初代市長は土浦中学、五代目五十嵐市長はその後継校の土浦一高卒である。横田彭哉氏の叔父は海兵を出て、対米戦争に身を捧げている。水海道中学での後輩に、先日亡くなった県政会のドンがいる。ドンは彭哉氏に海兵に行った叔父の思い出をよく語っていたそうだ。ドンは、秋田鉱専へ進み、日立関連企業に就職し、後に故郷の村の収入役を務めている。つくば市の三代市長の嗣子の結婚式でのドンの挨拶は、時代の流れを象徴する内容で、今でも記憶に残っている。ドンが亡くなって、今後どのようなつくば市が描かれるのか興味津々である。

彭哉氏は、つくば市の誕生は「木村操谷田部町長と竹内藤男県知事の際どい打算、思惑の合作」であったと述べる。

旧町村長の権限を認めた形式的合併は、倉田弘桜村長が塚本育造県議（大穂町）を市長選挙選で制覇し、市長単独権限機構を指向するに従い、谷田部地区木村操副市長とのアツレキ・抗争が激しくなった。

谷田部町は昭和四〇年代から研究学園都市建設・科学技術博覧会と開発投資が継続し、土木建設関係従事者が多くなっていたことにより、その関係者の地方政治への発言力、エネルギーが増していた。町長選挙の勝者側は建設工事の発注で恩恵を得る構図が周辺町村に比べて高かった。知事の合併干渉騒動、現職町長の逮捕、辞任騒動と裁判闘争は怨念を生んだ。気性が荒れていた。

合併は予算の統合であり、市長の公共工事発注額が一挙に巨大になった。議員数が激減し、選挙戦の規模を大きくし、荒くし、合併前より政治を遠く感じさせた。拙速な合併は覇権グループの駆け引き、衝突、乱世をもたらした。やがて市長選挙は、その利権を巡って空前の買収選挙となり、多数の違反者を出し、木村市長の逮捕となる。

公共工事の入札制度が利権構造を生み、市政に「病根」を形成した。藤沢順一県議は県議を辞職して木村市長に挑戦したが、巨額な買収選挙の前に敗退した。その木村市長が選挙違反で逮捕後、再度立候補し当選した。当選したスローガンは「民主主義の先進都市を目指す」であった。市民は「病根」の改革に期待したが、激しい選挙選の協力関係は、理想政策を困難にし、派閥が徐々にできた。やがて、勢力争いを生んだ。藤沢市長の誕生に応援した市原県議と新たに県議に当選した保守系県議同士の対抗意識が激しくなった。

そして、市原健一県議は、「政治の病を治す」と藤沢市長三選阻止で市長選へ立候補した。「政治の病根」とは、公共工事の発注を巡る談合を廃止し正すことであった。市原市長は再選後、市議の多数の提案を受け、入札制度の改革に踏み切った。指名入札業者の談合疑惑を一掃するため、広く参加資格を受ける「一般参入入札制度」である。

そして三選されたが、市原市長提案の「運動公園建設」は市民の反発を呼び住民投票を行ったが否定され、引退した。

彭哉氏の述懐である。

6　茨城県政界のドン・山口武平

井上春成と筑波研究学園都市構想

茨城県政界のドンは、水海道中学から秋田鉱専へ、通産省の労働組合のドン（全商工委員長）も秋田鉱専だった。筑波移転の背景に秋田鉱専があったことに今頃南牛は気付いている。日共はある時まで、筑波移転に反対していた。それが労組幹部に東京工業試験所の「F」（東工試F）を抜擢し、移転反対を移転条件へ切り替えさせる。その背景がよく分からなかった。

山口武平氏が中学校時代に出入りしていたのは、当時水海道に一つしかなかった明文堂書店であった。その明文堂書店の縁戚に横田三郎氏がいて、海兵（海軍兵学校）へ進学し、帰郷すると水海道中学で海兵での生活を講演した。それをドンは晩年まで懐かしんだという。その思いに深い意味があったことを、最近知る。それは筑波研究学園都市構想を考えた井上春成に通じるものであった。

井上春成は細川藩重職の家系。五高から京大へ。東京工業試験所の五代目の所長を務め、工業技術庁の初代長官に就任している。その所長の任期が戦前から戦後に渡った。第一次大戦敗北後のドイツに留学し、戦争に負けた場合の対応に優れた能力を見た。筑波研究学園都市の構想は、井上春成と井上春成の五高・京大の後輩の池田勇人との間で練られている。それは敗戦を噛みしめた構想であり、茨城県政界のドンに通じる「思考」であった。ドンには、水海道中学を代表する秀才横田三郎中尉が一九四三（昭和一八）年一一月にソロモン諸島の海戦で戦死した、という無念の思いがあったのであろう。

筑波研究学園都市は、帝国の敗戦が科学の非力によって招いた、という悔しい思いを共通にして進められた。横田三郎中尉の尊父は茨城県政界に名前の知られた人物であり、ドンはその尊父の後を追って県議になり、筑波研究学園都市の建設へ力を貸した。

市域中心部再生策

つくば市となる前の中心部は新治郡桜村だった。その桜村に西武デパートが進出してきた。「東工試F」と呼ばれた商工労組きっての活動家は、背広を西武デパートで仕立てていた。デパートの近くには公務員住宅が林立し、日常生活における買い物の場であった。西武デパートの前の喫茶店「なかやま」は瀟洒な雰囲気に包まれ、絵画の個展が開催されていた。村にデパートが進出してきた、は地域社会に都会の雰囲気を持ち込んでいた。そしてつくばエクスプレスのターミナル駅も西武デパートと繋がって建設された。

その西武デパートが撤退した。研究学園都市の中心部に穴が空いた。その影響は徐々に深まっている。更に公務員住宅もなくなっている。民間の活力が強調されるが、国の力が引き潮のようにつくば市から引いている。

地方紙である『茨城新聞』が、「つくばの〝顔〟再生難航」と報じた。商業施設クレオが休館し二年になる。クレオと言っても分からない人が多い。西武デパートを中心にした複合施設である。新たに進出してきたイオンに客を奪われたのである。今は自動車社会である。駐車料金を取る西武デパートよりも無料のイオンに流れたとも言える。

つくば市の五十嵐市長は市議会で、「クレオの一部に公共施設導入を検討している」と答えた、と『茨城新聞』は伝える。この答弁で、「ああ、そうだったのか」と納得した向きが多い。東海村の原発事故に伴う「県庁」の移転である。多くの県民は東海村の原発事故はこれからも起こると見ている。事故によっては、県庁の移転は避けられない。福島県のいくつかの町村は自治体機能の存続に苦労している。その体験を踏まえ、茨城県はあらかじめ移転先を決めておき、事前に一部移転させるという動きである。

クレオならつくばエクスプレスのターミナル駅の真上に立地している。市長は、県庁機能の一部事前移転を言ったのだろうか。東海村の施設は事故ばかり起こしてきた。

国策の混迷がもたらしたもの

先日、茨城県政界のドンこと、山口武平翁を偲ぶ会が盛大に取り行われた。九七歳だった。県政界も自民党の推す大井川知事になり、県民への責任の所在が明確になった。前の橋本知事は六期も続くなかで政党的立場が不明になり、県政の責任が不明瞭になった。県の勢いは衰え、全国で不人気一番の県になっていた。首都圏とも言って良い立地に関わらず、ここ数年は国民に一番知られていない県名になり下がっていた。前知事にはさしたる失政がなかったに関わらず、国内一の不人気な県にしていた。全国で「城」の付く県名は、宮城と茨城だが、宮城は知られても、茨城の知名度は最低であった。

茨城県政界のドンの勢いが良ければそういうこともなかったであろうが、山口武平翁も九〇歳を越しては、知事への影響力が減じた。そうした事態がつくば市の勢いを減じ、西武デパートの撤退を招いたのであろう。西武デパートの撤退にドンの影響力の低下が響いていると観測されていた。

五十嵐市長は市の再生問題に頭が痛いらしい。都市中心部の衰退は、一般に西武デパートの撤退が一大要因と考えられている。イーアス、イオンの大型商業施設の進出が響いている、と見ている。しかし、根本は国の戦略転換である。

そもそも、首都機能の移転、という旗印で東京から大量の国家公務員を都落ちさせている。日共党員の多い役所から都落ちさせた、などと噂されたものである。筑波研究学園都市が日共党員の多い町であることは、市会議員の投票数で証明されている。そして次に日共党員の多い研究所を国立研究機関から外した、とこれも噂である。その結果、公務員住宅が必要でなくなる。結果論だが、研究学園都市の中心部から公務員が居なくなり、公務員住宅が消えて行った先に、西武デパートも撤退へ追いやられたわけである。

日共は自分たちが狙い撃ちされているという認識が甘い。世の中の仕組みは純真だけではない。若い市長が、中心部の再生を言い出し、日共はそれに和して「中心部のにぎわい創出」を提言しているが、問題の根源は国策の混迷なのである。

筑波研究学園都市は、首都機能の一部移転問題を発端とする。いろいろ候補地があった。それが筑波台地に決まるのは、一九六〇（昭和三五）年谷田部町に自動車試験場の誘致が行われていたからだ。谷田部町長の横田栄一氏は水海道中学で山口武平氏の三期ほど先輩である。その横田町長の実弟横田三郎氏は山口武平氏の一年上で、海兵へ進んでいる。記憶力の良さで山口武平氏は知られていたが、晩年に至るまで横田三郎先輩を話題にしていた。当時、海兵には茨城県から二、三名しか進学していない。横田三郎海軍大尉はソロモン諸島の海戦で一九四三（昭和一八）年一一月に戦死している。二四歳である。その翌年、山口武平氏は秋田鉱専を卒業し、日立に就職するも六月に海軍予備学生に応募している。

二〇一八（平成三〇）年九月五日、朝から雨だ。今日は東アジア貿易研究会の勉強会。今、最も旬な李燦雨准教授の話が聴ける。会場はつくばエクスプレスだと乗り換えなしの一本道だ。つくばの実力者は身だしなみが良い。西武デパートがあった時代から、つくばエクスプレスができると三越へ通うようになった。西武デパートが筑波台地で東京の役割を担わなくても、つくばエクスプレスが東京を運んでくれるようになったのだ。

合併によって政争が激化した新谷田部町

一九六三（昭和三八）年に、「新官庁都市建設」は筑波山麓が適当だと閣議で了承される。翌三九年に自動車高速試験場が完成する。昭和四二年から研究学園都市の建設のため、用地買収が始まる。筑波台地は常磐炭鉱の坑木材の供給地だった。折からの石炭から石油への転換は、筑波台地を無用の林業地帯化しつつあった。自動車高速試験場の建設は筑波台地の新しい展望を見せた。

昭和四四年、横田栄一氏が圧倒的支持で第五代目の谷田部町長に選出された。新・谷田部町は、谷田部、真瀬、島名、葛城、小野川の五町村の合併で昭和三〇年に誕生している。合併による自治体にありがちな政争の激しい町の誕生であった。その中で横田町長は、研究学園都市の中核を構成する新治郡桜村の藤沢勘兵衛村長と力を合わせて、研究学園都市の概成へ向けて尽力する。九月五日は研究学園都市概成の過程で倒れた横田栄一町長の命日に当たる。五八歳であった。もう四〇年は経過している。そして南牛の茨城県民生活も四〇年になる。

筑波郡中央部の地主の子弟は水海道中学へ、北部は江戸英雄氏のように下妻中学へ、旧筑波町と大穂村東部は土浦中学へ通っている。筑波電鉄が走り、筑波台地北部の箒《ほうき》産業を土浦と繋ぎ、人の流れも土浦に繋がっていた。つくば市の初代市長と五代目市長は土浦中学、その後継の土浦一高出身が務めている。二代目は谷田部農業高校であり、三代目は東京農大付属高校であった。いわゆる土地に合うのは、土浦一高か農業高校ということになる。地元の高校を出ていると同級生が多い。茨城県政界のドンは、水海道中学を「海中」と呼び、後輩の面倒を見たらしいが、横田栄一谷田部町長の死去後はうまくいっていない。谷田部町が政争の町と化し、人心が荒れたからだろうか。

異端の政治家・渡辺安重氏を輩出し、県政界ではことごとくドンに反発するフリージャーナリスト石川某と連携してドンを攻撃していた背景がある。ドンは旧制中学校の人間関係を重く見て配慮したから、二代目の谷田部農高、三代目の農大付属高校出身の市長を買わなかった。とりわけ、三代目を茨城の学校にも行っていない奴とばかり、重く見ていなかった。嘘か本当か、灰皿を投げつけたという噂も流れた。

つくば市の再生と国の責任

閉館した「クレオ」の再生を市民が願っているそうだ。再生を問うアンケートをつくば市が行っている。回答者の五四％がクレオ周辺の学園の住民だったそうだ。不便だから、商業施設の再生を市の財政負担で願っているようだ。問題の根っこにＵＲの子会社の運営会社があり、売却を願っている。おそらく、東京への利便性からマンション建設業者への売却意向が強いと推察されている。それは新たなインフラ整備を自治体に要求することになり、税金の負担増を招くこととなる。原点に返って、国の責任を県とつくば市は問えないのだろうか。

首都機能の筑波移転、筑波山麓都市建設には膨大な土地取得が必要であった。ほぼ同時期に進められていた成田空港建設と同じ反対運動が起こる可能性があった。それが起こらなかった理由はいくつも考えられる。

一つは、首都機能の移転を強く訴えたことにあろう。東京が引っ越してくる、というイメージを先行させた。「買収した土地は一坪も無駄にしません。仮に必要としなくなった場合はお返しします」は心を打つ説得であった。

しかし、政府は買い過ぎたのだ。土地に余りが生じる。それに首都機能の移転だと喧伝しながら、移転機関が国立から法人化していく。つくば市域から国家公務員が消えていく。公務員住宅も必要でなくなる。そしてとどのつまり、東京が移ってきた象徴であった西武デパートがなくなる。消えてしまった。

これらは三代目藤沢市長時代に萌芽を見せ、次の四代目市原市長の時、とどめを刺される。

とどめとは、「買収した土地の余ることはありません」と豪語していたその土地は、国有地からUR所有に移され、そして「もし必要のなくなった土地が生じた場合は地元へ返します」と言っていたのに、買収時の五〇倍もの値段でつくば市へ引き取らせたことだ。四代目市長に、運動公園の建設だと目眩《めくら》ましをかけて購入するように仕向けたのである。

買収し、国有地化し、それからURへ所有を移す過程には、いくつか法的問題を抱えていた。それらは巧妙に仕組まれ、三代目市長を経て、四代目市長はうまく活用して私利を優先させた、と思われてもしかたない。運動公園建設がそれだが、多くの市民の反発を買い、運動公園建設は破棄される。

失政は税金の無駄づかい

三〇代の若い人が市長に当選した経過は、その前二代の、三代目、四代目の市長の失政が挙げられる。その失政とは、税金の無駄づかいである。つくば市の財政に余裕があったのか。失政はうやむやにされている。

だが、四代目の市長は三代目の失政が市民の頭から忘れ去られるのを心配してか、三代目市長の失政を展示した。それが、市内の学校に残されている回らない風車の残骸であろう。三代市長の折、助役が点数稼ぎに風力発電設備を各学校に建設した。これが結論から言うと回らなかったのである。国から補助金までせしめて回らない風車をつくば市内の学校に建設したのである。その結果は、補助金は返還を求められる、建設したので業者への支払いはあるので、およそ三億円の損失を市財政に与えたのである。拙速な政策の失敗である。この三代市長の失政を市民に思い出させると見られているのか、風車の残骸が残されている。それを見る市民は三代市長の三億円を思い出す。

「前の市長は凡庸だが、俺は違う」と言うのが四代目市長であった。三代目は、三億円もの失敗を二度も犯し、市長辞任時に某市会議員から退職金返納を呼びかけられた。四代目は、慶応大学・北里大学に学び、医者だった。かなり大きな病院経営者である。いわゆる辣腕家である。ドンが土浦一高卒の通産官僚出身を県知事選に担いだ時いち早く応援に回り、自治省出身の平穏橋本県知事の五選阻止に尽力した。

これが裏目に出た。県知事は五選を果たし、水戸から逆風を吹かされる。かなり強い逆風で、それを跳ね返そうと図った時に、落とし穴が掘られていた。それが何度も書いているように、市長経営の病院に隣接した学園都市建設の未利用地四五町歩を高値で買うはめになったことだ。

国策で買って余った土地の所有権を国から受け継いだＵＲは困惑し、四代目市長に、あなたの病院に隣接する未利用地は太陽光発電用地になる、みたいな未確認情報を流した。四代目は、自分の病院の周辺がメガソーラーになれば、病院環境が一気に悪化することを理解した。

ドンの読み違い

前の橋本県知事は平穏の人であった。茨城県には水戸黄門がいて、桜田門の変、予科練、鹿島臨海工業地帯、筑波研究学園都市があっても、四七都道府県中の知名度最下位を続けるなど、考えられない。まして七選を目指そうなど驚きであった。

県政界のドンは、これは県民のために百害はないかも知れないが、一利なしと判断し、五選出馬の時、待ったをかける意味で対立候補を擁立した。学歴は県知事と同じだったが、自治省でなく通産省の官僚出身を擁立した。しかし、出身高校が土浦一高であった。これが裏目に出た。

つくば市の四代目市原市長はドンの意向を組み入れ、選挙運動に精出した。茨城県知事は、内務官僚から県民出身の民選知事は、茨城中学、鉾田中学と続いた。そして水戸中学の後継高校の水戸一高出身となった。これは水戸中学・水戸一高出身の長年の夢だった。私立の茨城中学卒の岩上知事、水戸中学を落ちたという噂のある鉾田中学卒の竹内知事にどことなく自尊心を傷つけられていただけに、茨城県人の水戸一高卒の知事誕生は歓迎するところであった。だから、土浦一高卒の対立候補には、水戸一高関係者は全力を挙げて対抗した。

その水戸一高卒のエネルギーをドンは計り損ねたのである。そして今度は土浦一高だと思い込んだつくば市四代目市長は、一心に県知事の恨みを買うことになる。メガソーラーの話はどこまで本当か分からないが、国体に向けてつくば市に拠点・運動公園を造れば、国体の次にオリンピックも狙える、などという甘言に市長を誘い込んで、追い込みをかけたと思われる。

つくば地域の保守派は、大地主三代目藤沢市長に代表される大地主に添う流れと、別に中小地主の流れがあった。

三代目市長の大きな失政は二つある。この二大失政が四代目市長を力づけた。大地主の凡庸は駄目だとなり、三代目市長派の流れの力を削ぐことが可能になる。四代目も再選されていくなかで自信を持ったのであろうか、県政へ向けてもモノを言える市長となった。それで土浦一高卒の県知事候補者を担ぎ、五選出馬の平穏な県知事追い落としの先頭に立った。

ところがどっこい、このことが土浦一高系の県政進出、発言力強化だと受け止められ、水戸一高系は団結して、平穏な知事の五選のために踏ん張る。その結果、六選を確実にさせる。そして茨城県は国民の認知度が最下位となる。全国四七都道府県のなかで認知度の低い県は数多あるが、連続して最下位だったことで、県知事の鈍さを県民に明らかにさせた。その知事が六選、七選と続けるには、反抗する四代目市長は橋本知事にとって野党と思った。それがつくば市の運動公園問題の深謀であろう。その背後にはＵＲの人々が蠢《うごめ》いていた。

ドンの深謀

ドンの鈍い知事に対する五選阻止は失敗した。再選した知事は水戸一高閥を強化し、土浦一高卒を警戒し、各市町村に幹部職員を出向させる作戦に出た。その効果は抜群で六選を果たし、七選を望むこととなる。つくば市域の保守派は三代目市長と四代目市長の派閥が形成されていた。平穏な知事は出島村の大地主・川島家を通して三代目市長と縁戚であった。四代目市長は、つくば市の初代市長と縁戚であった。つくば市の初代市長は旧桜村では三代目市長とは対立する派閥を構成していた。それを基盤に四代目は旧桜村域で三代目を包囲していった。

平穏な知事の思惑と四代目市長の思惑が交差したのが、五代目市長を選ぶ選挙であった。その市長選挙では、保守派が統一すれば、さしたる血縁もない旧民主党系の候補が当選する筈もなかった。それがネット（生活クラブ）と日共が強く推した旧民主党系の市長の誕生となる。保守派が三代目の推す候補と四代目の推す候補に分裂したからである。平穏な知事は、これで反知事派の拠点、四代目市長の影響を削いだと安心して、七選へ出馬する。

ドンはじっくり考えたのであろう。七選阻止へ、刎頸《ふんけい》の友・梶山静六氏の息子に図ったと推察される。今度は水戸一高卒を担がせる。水戸一高閥の分断を図り、平穏な知事の七選阻止を手土産に閻魔大王にまみえることとなる。

現五十嵐市長は五代目である。市内政治勢力からいうと少数派の左派的政権である。先の知事選挙では、平穏な前知事を推したと見られている。土浦一高卒なので、知事と合わない筈だったが、前知事は四代目市長を忌避していたので繋がったようだ。それでも四代目市長派は市内で隠然たる力を持ち、虎視眈々と奪権を図るに余念がない。今度は切れる知事なので、つくば市が「九条の会」の握る市政で良いのだろうか。国政にも影響するが良いのだろうか、と噂が浮上している。

四代目市長派と三代目市長派が手を握ると簡単に奪権できるのだが、この地域の保守派人脈は合併町村内の選挙経緯が複雑に絡み、対立してきた歴史を担っている。四代目市長派の希望の光は、切れる知事の誕生と、三代目市長派勢力の衰退である。三代目市長の尊父である勘翁は偉大であったが、息子への余光は時間の経過とともに薄れる。四代目市長派の頼るところは、ドンと二人三脚であった県北の、太田中学校卒の、そして中央政界では内閣官房長官を務めた政治家梶山静六氏の息子の存在であろう。今の官房長官の政治的師匠は陸軍航空士官学校へ学んだ。自民党総裁選挙に立候補した際、田中真紀子女史に「凡人、軍人、変人」と揶揄された軍人である。軍人は旧田中派の流れのなかで、小沢一郎氏と「一六戦争」を戦いぬいた闘将であった。ドンとはウマがあったようだ。

貧乏県からの脱出を目指した男たち

平穏だと誰にも分かる知事が六期も引き続いて茨城県民の負託を受けたのには、それなりの理由がある。その前の鉾田中学卒の竹内藤男知事は牢屋に入れられた。少なくとも、平穏を絵に描いたような知事は悪いことをしなかった。業者から袖の下をもらって、臭い飯を食わされるようなことはしなかった。

県知事が逮捕されるということは、県民感情としても良くない。「嗚呼、県知事さんが袖の下を貰う茨城県の人ですか」と言われたら、交渉事では一歩踏み込まれる。鉾田中学卒だが、生まれは京城だった。そこから、北関東一のパチンコ店経営者との関係も噂に上る。折からの日本は、極めて対朝鮮感情が悪い。その何かと評判の悪かった前の鉾田中卒に比べ、平穏な知事は故に愚直に見える。頭を下げてなくても、頭の低い知事と思われた。それになんと言っても水戸中学の後継の水戸一高卒である。

更に、県民は疲れていた。悪く言えば荒れていた。茨城県は難治の県だと言われたが、それは貧困の表現であり、一人一殺の右翼を輩出した。県会議員が名を遺すには、大臣を殺すことだと広言する、できる県でもあった。

貧乏県からの脱出に、岩上二郎知事は三島開発を公約にした。茨城における「三島」とは、「鹿島」、「出島」、「猿島」を指した。鹿島開発の次が、出島と猿島のほぼ中間の筑波台地の開発となる。国家を巻き込んだ大型開発は土地買収に土木建設と、そこに関わった農民の気持ちを揺さぶってしまう。

平穏な知事はそういう粗ぶった人心を沈めた、沈めるために愚鈍を装った、とも言われた。しかし六期は長かった。その長い六期の後、七期を狙うには土浦一高閥の四代目市長は邪魔であった。

水海道市域は鬼怒川と小貝川を繋ぐ水路のある場所に立地し、両大河が一番接近した場所の河港の町になる。この流域には大地主も存在したが、どことなくこの地域は反政府的気分が横溢している。大地主とは大正時代に五〇町歩以上の大土地（耕作地）所有者だと規定されている。筑波郡一一軒の大地主の最下位が江戸家の五〇・一町歩である。下妻中学、水戸高校、東大、三井と進んだ三井不動産の江戸英雄は「作谷」江戸家の分家の出であった。
「昔、天下平定の東男の魂」と校歌に歌うのが水海道中学だそうだが、この場合の「東男」とは、平将門を指した。将門の名前は、今は「将門煎餅」くらいに名前を留めているのみだが、先(二〇一五年)の常総の水害の地が将門の舞台である。あの水害の後、今上陛下は直ちに赴いた。将門の荒ぶる魂を治めたのであろう。あの時は陛下の後に、被災地へ大臣が赴いてきた。ドンは水海道中学出身を誇りとして、県政に挑んでいた。

［閑話休題］

三島のうち、鹿島は見ていないが開発されている。かつては、農民運動で知られる土地であり、貧困で知られていた。茨城中学、水戸高校、京都大学卒の岩上二郎知事が四期かけて開発に努力した土地である。その岩上知事が県史編纂室長として招聘したのが塙作楽《はなわさくら》(編集者・郷土史家)さんである。塙作楽さんが上京すると、渥美半島から杉浦民平(小説家)さんも上京し、新宿歌舞伎町の「あづま」で飲み、そこへ金達壽(在日朝鮮人作家)が南牛を連れて合流したものである。

一九七九(昭和五四)年一一月に筑波郡谷田部町松代の公務員住宅へ引っ越すとき、谷田部なら渡辺安重氏という面白い県議がいるから頼って行きなさい、と塙作楽さんは紹介状を書いてくれた。それが研究学園都市と深く関わるきっかけとなる。当時、南牛は東京工業試験所の八〇年史編纂委員であった。東京工業試験所が作られて一九八〇（昭和五五）年が八〇年であった。筑波移住後、藤沢勘兵衛翁の知己を得るが、それは渡辺安重県議が紹介状を書いて新治郡の様子を見てきてくれ、ということだった。

藤沢勘兵衛翁は、当時土浦用水組合の理事長を務めていた。北朝鮮問題の研究会であるNK会の創設者が玉城素師であるが、南牛の学問的師匠は玉城素師の実弟である玉城哲であった。玉城哲は用水事業の研究者であり、その弟子を自負する南牛は、活字の世界から実物の用水事業史に取り組むこととなる。

一九九〇年前後は藤沢勘兵衛翁研究に明け暮れするのだが、その縁で出島村の川島家を知る。文農学校の創設者である川島運平氏と先代の藤沢勘兵衛氏は義兄弟であった。それらの人間関係を通して、三島のうち出島を知ることとなるが、猿島は知ることもなく、今日を迎えた。

彭哉氏の誘いで、猿島へ行った。岩井の国王神社に参拝した。赤城宗徳の平将門を顕彰する大きな碑を見つめてきた。岩井はドンの故郷であり、ここから自転車で水海道中学へ通った。ドンは猿島の貧困を、県政を通じ、国政を動かして脱却させていっただろうことが、岩井の街ば市域の政争の影響をインフラ不整備のなかに見た。岩井に比べ、少なくとも谷田部は遅れた。つくば市域の政争の影響をインフラ不整備のなかに見た。岩井に比べ、少なくとも谷田部は遅れた。

ドンの精神世界

茨城県政界のドンこと、山口武平氏は一九二一（大正一〇）年、神大実村に生まれている。山口義之亮の長男であった。神大実村は一八八九（明治二二）年、神田山、大口、猫実の三集落が合併して成立する。一九五五（昭和三〇）年岩井町と周辺の村々が合併し大きな岩井町となる。岩井町はドンの成長に合わせて一九七二（昭和四七）年に岩井市となる。平成の大合併、二〇〇五（平成一七）年に隣の猿島町と合併し坂東市となる。

成長期は神大実村の山口武平であったが、県政界のドンと呼ばれていた時代は岩井の山口であった。ドンが尊敬した水海道中学の一年先輩の横田三郎氏は海兵へ進んだ。当時、茨城県で海兵へ合格したのは二人といわれ、あと一人は水戸中学であった。横田三郎は柔道でも秀でていたと言われるが、農家の三男であったことが、軍を選択させている。ドンの県政界時代の盟友、梶山静六もその名前が示すように六男である。太田中学から陸軍航空士官学校へ進学している。陸士五九期相当である。陸士五六期相当に朴正熙（韓国の大統領）がいる。ドンは長男故に剣道に優れていても、軍への進学をあきらめ、秋田鉱山専門学校へ進んでいる。父親から農家の後継者の心構えを説かれたらしい。秋田鉱専は日立関連企業への就職の門が開かれていたからだと述べている。

坂東市は鉄道の入っていない全国でも珍しい市である。日本の近代化は鉄道の敷設から第一歩を踏みだした歴史的経緯もあって、いわゆる岩上二郎知事の呼号した三島開発も鉄道敷設の狙いがあった。鹿島開発は、臨海鉄道の敷設計画が大正時代からたてられていたから先行している。筑波研究学園都市もつくばエクスプレスの敷設でその使命を果したとも言えるが、猿島は残された。鉄道誘致運動は今も続いている。

しかし、自動車時代へ入って、高速道路の建設がそれに代わっていく。猿島を中心に県政は道路網が発達するが、それはドンと中村喜四郎代議士の問題が絡むので叙述から省く。

ドンも梶山静六氏と同じく国政へ進出を期すが、それは挫折して県政へ専念し、国政の梶山静六氏と提携し、筑波研究学園都市の概成に努力する。ちなみに、「概成」という言葉はなかったが、筑波研究学園都市の建設過程で生みだされた官僚用語とされている。

ドンと梶山静六氏のウマがあったのは、共に軍歴を持ち、同じく敗戦する帝国を肌身で感じていたことにあろう。ドンがつくば市へ見えると横田三郎先輩を思い出すと語っている。ドンは西の神大実村から鬼怒川を越えて水海道中学へ、横田三郎氏は東の島名村から小貝川を越えての通学であった。当時、海兵は柔道が盛んであった。横田三郎氏は柔道を得意とし、難関の海兵に合格を果たし、休みには水海道中学へ赴き、海兵での学生生活を語っている。そのことはドンの思い出の中にあり、横田三郎氏がソロモン開戦で戦死したことと重なってドンの精神世界の一部を形成したのであろう。

研究学園都市の誤算

筑波研究学園都市の発想は、工業技術庁初代長官・井上春成の研究所団地化構想が起点であった。井上は京大卒業後、東京工業試験所へ入所し、大戦に敗北したドイツへ留学する。この敗戦後のドイツに留学したことが、帝国の敗戦を東京工業試験所の所長で迎えた時に力を発揮する。国立試験研究機関をまとめる組織、工業技術庁の創設をＧＨＱに働きかけ、初代長官に就任する。

次にＪＩＳ規格の制定へ努力する。そして研究学園都市の建設に関わるのは、井上春成に言わせれば「次の戦争」に備えるという意味合いがあった。この「次の戦争に備える」という言葉が池田勇人、その次の首相で同じく五高の後輩の佐藤栄作首相を動かした。その受け入れ先、茨城県の政治家であるドンは、ソロモン海戦で戦死した水海道中学の先輩横田三郎海軍中尉の思いを、次の戦争に備える筑波研究学園都市の建設、という思いに繋げたのであろう。

岩井が町なら、タニシも魚、と言われた時代があった。何かと水海道の町と比較されたのである。しかし、養蚕業が盛んであり、茶の栽培も起こり、猿島茶として知られている。水戸より東京へ通じており、教育水準の高い地域であった。その要が平将門を祭った国王神社で、ドンの生家の近くである。いま、つくば市域の中心街、かつて「都心」といわれた地域は西武デパートの撤退後の影響か、森閑とした感じがする。高いビルがどことなく寂しい。

国王神社に近い、岩井の中心地は街路も近代化され、将門煎餅本舗のある辺りは、将門祭りを迎える準備か、宣伝ポスターが張られていた。岩井市、今は猿島を合併し坂東市だが、将門祭りがあり、町を引き締めていた。彭哉氏は、ドンの郷土への愛が水海道より岩井を発展させたという。

藤沢市長は都心部の大通りを「歩行者天国」として、二日間の夏祭りパレードを定着させたがつくば市には市に根っこを持つ祭り、全国的に知られる祭りがない。筑波大から教授がノーベル賞を貰っているし、今後もつくば市域の大学・研究機関からノーベル賞受賞者が出るだろうから、ノーベル賞祭りでも起こしたらどうかと思うのだが。あるいはスウェーデンと提携して北欧の祭りを導入したらどうだろう。しかし、今の立川のアリーナの盛り上がりを考えると、筑波大学の企画、終着駅周辺をアリーナ化する案は素晴らしいと思える。

四代目市長の失敗に運動公園建設の提案があった。あの運動公園予定地は場所が悪かった。交通の問題を考えない提案であった。つくばエクスプレス終着駅周辺の公務員住宅と西武デパートの跡地の活用には、首都圏の祭り、スポーツの競技場建設を図った方が良いのでは。国立の武道館分館の誘致でも、音楽公演も聴ける。

ドンの相棒

テレビ朝日の看板ドラマに水谷豊氏主演の「相棒」がある。茨城県政界で「相棒」と言えば、ドンの相棒・梶山静六氏であった。水谷豊に相棒がいてドラマが成り立つように、茨城県政はドンに梶山静六氏がいて成り立っていた。筋立てでいえば、県知事の岩上二郎（四選知事）、竹内藤男（鉾田中学出身）知事、そして水戸一高出身の橋本知事の交代時にドラマがあった。竹内五選後逮捕、平穏の橋本知事六選から七選を期して出馬するものの落選する。

ドンは平穏な知事を四選で辞めさせたがっていた。対立候補を五選目に立てたものの、ドンの目算が狂う。それは相棒の梶山静六氏が自民党総裁選に立候補し、善戦むなしく凡人候補に敗れたあと不慮の死を遂げていた影響があろう。相棒の不在が大きかった、と指摘されている。

しかし、つくば市政で言えば、研究学園都市の誘致、科学万博の招致、六町村の合併問題＝つくば市誕生のドラマには「相棒」の存在は欠かせない。平穏知事を引き下ろそうとしたときは、梶山静六氏が死去していた。そこでドンの存在がクローズアップされすぎて、一敗地にまみれた。梶山静六氏の一周忌にあたり、ドンは自らを平将門の気風を受け継ぎ、梶山静六氏は天狗党の後裔だったと記している。それは「強きを挫き、弱きを助ける」の精神だった。

7　自民党総裁選石破候補圧勝の意味とは

安倍首相への忠告

茨城県下では、二〇一八（平成三〇）年の自民党総裁選で石破茂候補が約六割で安倍晋三首相を上回った。前回の総裁選挙では石破候補が七割を超えていたから、減ったとはいえ、圧勝である。前回はドンも存命であり、相棒の梶山静六氏の後継者、息子の梶山弘志代議士が県連会長代行であり、石破候補の選対事務局長であったから、当然といえば当然の石破候補の獲得票であった。

しかし、今回は違う。梶山弘志代議士は地方創生相として安倍内閣の閣内にいた。当然、今回は梶山弘志大臣は全力を挙げて、自民党県連の会長としても安倍晋三首相支持を貫いている。それなのに、茨城県自民党の党員は、石破茂候補へ多数投票している。ある意味で驚きではある。平穏な橋本知事を六選も続投させた県民の責任もあるが、今度の戦争は科学技術の遅れで負けた。次の戦争に備える、という国民感情を刺激して、坪千円で土地を提供させた研究学園都市から国立研究所が消え、国家公務員住宅が消え、国有地がＵＲへ。そして目の飛び出る値段で、千円から見れば何十倍かで大手の住宅業者へ売られている。

戦争はこれから起こるのではという国民の不安心理は、北朝鮮のミサイルが列島を越えるたびに高まる一方である。次の戦争が起こるかも知れない。赤色支那は南島を奪いにくるかも知れない。ロシアは北方四島を占拠したまま、その現状を打破する筈の研究所には、それらの国の研究者が一杯入っている。

約束が違うではないか、という県民感情が石破候補支持でなく、安倍晋三首相への忠告票として石破候補へ流れた、と見るべきだろう。日本は国難を迎えようとしている。

8　横田三郎海軍中尉はブーゲンビル島沖海戦で散る

横田家と藤沢家の協力

ドンの尊敬した水海道中学の先輩・横田三郎中尉は出陣し、ソロモン海戦で戦死、死後贈位され、横田三郎海軍大尉として白木の箱が届いている。ソロモン海域には帝国海軍の船が沈み、多くの戦死者を出し、何も入っていない白木の箱が届けられている。圧倒的な鉄鋼生産力による造船能力の差が帝国海軍を追い詰めるのだが、その天王山がソロモン海戦だった。

横田三郎氏の育った筑波郡島名村は、牛久沼へ注ぐ東西谷田川の間の台地である。『島名村郷土誌』に、明治二二年の島名村の誕生からの村長名が記載されている。氏は、その一一、一四代村長の横田内蔵之丞の三男であった。横田大尉の次兄、横田栄一氏は戦後、一九五五（昭和三〇）年の谷田部を中心とした五町村合併時の島名村長であった。後に、谷田部町長を三期務める。この間の業績が新治郡桜村の藤沢勘兵衛村長と協力しての学園都市の受け入れであった。

横田栄一町長には弟と谷田川へ鮭・鱒の遡上を見かけては追った思い出がある。サケマスの遡上がほぼなくなるのは戦争を境にしている。谷田川にマスは夏の終わりから秋の初め、サケは九月から一二月までの間、遡上した。幼い頃の小川に魚を追った思い出はいつまでも残る。

ドンの故郷の東側を流れる鬼怒川は今でもサケが遡上している。稚魚を放流し、堰《せき》には魚道を設けている。サケが遡上するのは、ドンの自慢であった。水海道の西側を流れる鬼怒川にはサケが遡上するが、東側を流れる小貝川には遡上しない。理由は、稚魚の放流もなく、その間の福岡堰や下流の関に魚道が設けられていないからだ。旧伊奈村から深夜、鬼怒川までサケの密漁に行く話を耳にしている。伊奈村は小貝川に沿った村である。幼い頃、サケを追った思い出は、成人してもなお、深夜鬼怒川まで走らせるのである。

横田内蔵之丞氏は島名村長を務め、茨城県会議員を二期務める。『島名村郷土誌』には、一九三〇（昭和五）年四月に村長に就任したとある。島名村の主要道路は、隣村の真瀬を通り、福岡村から水海道町へ、定期旅客自動車便が設けられていた。定期旅客自動車便とはバスのことである。そして横田内蔵之丞村長の時、上郷村金村より島名村役場を通って新治郡土浦町へ県道が開通する。当然、定期旅客便が通じる。また昭和九年には役場近隣の中根恒夫氏の山林提供のもと、統合島名小学校を建設した（中根氏はのちに島名村長に就任した）。

中根家は平将門を敗った平貞盛の弟、繁盛を祖とする家系で戦国時代末期、小田氏が佐竹氏に敗れた後に島名に移住した六軒の党首家である。

県議としての活躍は、県道の整備から定期旅客便網の発達へ尽力している。筑波郡と相馬郡の間に小貝川が流れているが、その間を繋ぎ取手への便宜で文成橋を定期旅客便の通れるように建設したことに現れている。それには横田内蔵之丞氏が東京農学校（現・東京農業大学）卒業後、五年間の米国留学や放浪生活から広いアメリカでの自動車の活用を目にして帰国したことが大きい。当時の茨城県議会で英語を流暢に使う唯一の県議として光っていた。

藤沢三郎氏はそこに魅かれたのか、横田家の三男に「三郎」が付けられているが、藤沢家では長孫を横田内蔵之丞氏の通った東京農業大学へ進学させている。後年、筑波研究学園都市の誘致に、受け皿の行政地域として横田内蔵之丞氏の次男の横田栄一谷田部町長と藤沢三郎氏の長男の藤沢勘兵衛村長が提携して当たっている。更に、谷田部町に県立の農学校を誘致した業績が挙げられる。この谷田部農学校に学んだ中から、横田栄一町長のあとの谷田部町の二人の町長（沼尻民平氏、木村操氏）を輩出している。

「髪が逆立つ」海戦

戦時中、筑波郡ではくず鉄の供出に精出した。島名村は村内くまなく釘一本の供出を求めている。帝国の対米戦争は鉄の戦いであった。何次も戦われたソロモン海戦は、米軍の豪州支援を遮断する目的が指摘されている。支援を遮断すれば、たやすく占領できる。帝国の南方進出は英海軍を撃滅したことで容易であったからだ。今度は支援に来る米軍を迎え撃つ作戦でソロモン諸島を島伝いに飛行場を建設しながら南進して行った。

横田三郎中尉は一一月二日に戦死している。戦死した場所はブーゲンビル島沖であった。太平洋戦争の天王山、ブーゲンビル島沖海戦である。この海戦は、米軍のブーゲンビル島上陸の一一月一日に始まり、翌二日に帝国海軍の敗退で終わっている。敗戦には、帝国海軍の軽巡洋艦・川内《せんだい》の沈没が大きかった。敵の米軍には沈没した軍艦が一隻も出なかったにも関わらず、帝国海軍は軽巡洋艦以外に駆逐艦も撃沈させられた。この撃沈させられた軽巡洋艦・川内の通信士官を務めたのが横田三郎海軍中尉だった。

米軍のブーゲンビル島上陸阻止のために水雷戦隊が組織され、出動したのだが、横田中尉は川内勤務ではなかった。それが同期の士官の体調不良のため、急遽乗り組んだと言われている。いくつもの巡洋艦の通信士官を務め、海戦が終わり横須賀へ帰還すると横田中尉は島名村へ帰ってきた。家族に、海戦とはどういうものか説明した言葉が残されている。「髪が逆立つ」と語ったそうである。

9　竹内藤男

つくば市の「クレオ再生案」

つくば市は、クレオの再生案を公表した。クレオとは、西武デパートなどの入っていた商業ビルであり、南牛の研究学園都市生活は、クレオ周辺であった。藤沢勘兵衛村長自慢の誘致施設であった。桜村に東京のデパートを誘致した。日本で村にデパートがあるのは桜村だけだ、という自慢話を南牛はよく聞かされた。つくば市がまちづくり会社を設立し運営する計画で、科学体験施設・図書館を設けるそうだ。市会議員から拙速を戒める意見が出たようだ。採算面でも疑問の声も出ているようだと今朝（二〇一八年九月二九日）の『朝日新聞』茨城版が報じている。

茨城県域では、圧倒的に『読売新聞』の影響力が強い。だが、つくば市域の新住民の間では『朝日新聞』の方が圧倒的に読まれている。前の切れる四代目イケメン市長の運動公園建設も、拙速と採算を『朝日新聞』に突かれて転んだのではなかったか。URに土地代を安くし買い上げられた記憶は鮮明に残っている。だから、前の市原市長が坪単価五万円で市に購入させたことが、地域の人々への「裏切り」と取られた。

通産省工業技術院が一九七四（昭和四九）年に刊行した『筑波研究学園都市』には、「総合的な新都心を設ける」と決められて、「研究学園地区及びその周辺の住民の購買、文化、娯楽、その他都市サービス施設の要請を満たし得るものとする」と記述されている。それが都心の用途指定地区の「商業地域」であり、ジャスコ、西武デパート、専門店、立体駐車場、ダイワホテルから構成されていた。クレオが撤退する、つまり、ジャスコと西武デパートが撤退して、購買、文化の機能が一気に喪失した。農民が国に安く売ったのは、それらの施設が夢を運んでくると信じたからであろう。それなのに、URは西武デパートなどの撤退を受け、マンション業者へ売れば儲けられると判断し、売却へ動いたと言われる。これへの反発が、つくば市当局に「クレオ再生　買い取り構想」を打ち出させたらしい。その後、クレオ再生案をめぐる市議会の判断は統一されず、断念した。

科学力をつける

研究学園都市建設の候補地は、北関東では赤城山麓、那須なども候補地に挙がっていた。戦後日本の政治支配の構造は、戦前の大地主支配の構造から北関東型支配の構造に替わっていく。戦前の産業構造は、農村のコメ生産、山村からの木材及び薪炭の供給に大きく依存していた。農村のコメ生産を担っていた大地主はもちろん、中小地主まで農地解放で解体された。日本を占領した米軍の占領行政の一番が、帝国陸軍の基盤となっていると誤解した地主階級の解体であった。ドイツの陸軍を構成していたプロイセンの地主階級と同じものと考えたのであった。

その代わりに出現したのが、水利を基盤とする北関東の政治家の台頭から、戦後日本の支配構造は北関東型と呼ばれた。そして筑波台地に決定する過程で大きな役割を果たした官僚に、鉾田中学、水戸高校、東大卒の竹内藤男氏がいる。筑波台地を時の建設大臣河野一郎に進言するさい、「何故か」と問われて、「近からず遠からず」と答えたと後に竹内氏は回想している。

赤城山麓、那須は遠く、河野一郎の神奈川県下の台地も候補地であったが近すぎたのだ。試験研究機関に大学を加えた学園都市構想を建設省でまとめた竹内藤男氏は、陸軍主計将校として昭和一八年一月にニューブリテン島ラバウルに赴任する。そこは日米決戦の戦場でもあった。ソロモン海域の海戦の敗北から、派遣軍は輸送路を断たれ、主計将校として食糧調達に苦労している。圧倒的な米軍の科学力の前に敗退していく帝国海軍の姿を自ら体験している。竹内氏は「次の戦争」に備える意味を自身の体験から感じて、試験研究機関の集中化に建設官僚として取り組んだのである。竹内氏は後に茨城県知事になる。戦後の三代目知事に押された背景に、研究学園都市構想をまとめた業績が考えられる。

UR商法をつくば市民は阻止できるのか

つくば市の五代目市長五十嵐立青氏に『あなたのまちの政治は案外、あなたの力でも変えられる』という著作がある。題名が素晴らしい。おそらく、この著作が難敵を打ち破っての当選の原動力となったのであろう。そして県南の自治体で注目されているのが、URの自治体へ不動産を売りつける商法をつくば市の市民が阻止できるか、である。

不良資産の売却はよくある話だが、国家目標を掲げ、首都圏機能の一部移転などとうたい上げ、農民へ坪千円足らずで提供させ、五〇年経ったから五〇倍になるというつもりなのか、五〇倍でつくば市に売りつけた四代目市長経営の病院隣接の土地など、悪徳商法そのものだという指摘もある。四代目市長の高額な土地購入による運動公園建設は市民の反対に遭い、市民の力で建設は不可となった。あなたの力でも変えられる実例である。

そして今、西武デパート撤退後の商業区域を住宅用地に替えて高層住宅へ変えようというUR勢の動きである。高層住宅の方がUR勢のカネになる。しかしその結果、つくば市の市民にはインフラ整備の予算を突きつけることになる。グローバリズムが世界経済に影を落としているが、県南ではURの経済効率至上主義（グローバリズムの県南版）が各自治体の赤字を増やす動きへ繋がる傾向にあり、早晩壁にぶち当たるであろう。

竹内藤男知事は「ミニ県庁（総合事務所）を設置した」ことで、地方行政が二重化して県の統一的施政が貫徹されない不備を補った。竹内知事は、その理由を「市町村長は選挙で出てくるものだから市町村長自身の公約を掲げて当選する。政治家であればそうした公約を当然、実現しなければならない」から、県政と矛盾が生じることがある、としている。

竹内藤男氏は都市計画関連の専門家であった。都市計画法の全文改正に関わっている。建設省都市局長の時代である。ニュータウンの生活は同一世代が同一時期に入居することにより、一見、合理的な生活空間が実現する。しかし、子供の就学時代はそれでも良いが、子供が自立し出て行った後に高齢化社会が訪れ、やがてゴーストタウン化する。研究学園都市の公務員住宅は新陳代謝があり、その矛盾を回避できていた。今、公務員住宅用地の払い下げが行われ、ニュータウン化している。やがて、それは多摩ニュータウンの高齢化社会の矛盾と同じ要素を抱え込まないだろうか。

まして、高層マンションは局所高齢化、子供世代の減少という過疎地農村集落的矛盾を現出すると予想される。URが局所高齢化社会を都市周辺に現出させた、日本一〇〇年の歴史から見れば糾弾される組織と化している。それはURがグローバリズムに犯されている現状から避けられないのであろう。

だが、研究学園都市建設で「都心地区」として建設された地域の、その中枢であったクレオをマンションとすることはなかろう。ここは竹内藤男知事の推進した、自治体行政の矛盾解消としての総合事務所（ミニ県庁）を持ってくるべきであろう。いや、つくば市以外に既に設けられていると反論するかも知れないが、つくば市の場合、国の行政が県を通さずに直接入ってくる。そこの行政には国と県の齟齬《そご》が現出する。竹内藤男流的に言えば、第二県庁の必要性が生じているのである。

その後、土地建物を所有する第三セクター「筑波都市整備」は、某不動産開発会社に売却した。「旧西武デパート」を商業施設として開発を目指すとしている。しかし、その一角の「旧イオンスーパー店舗」は取り壊し、高層マンションを建設するようだ。

つくば市にふさわしいものとは

竹内藤男氏が県政界のドンこと山口武平氏と提携し、そこに自民党の実力者であった梶山静六氏が加わった三者連携の影が強い「つくば市」である。竹内藤男氏の失脚の後に平穏な橋本昌知事が誕生し、それに梶山静六氏の不慮の死もあって、茨城県の知名度は四七位と全国最低に落ちた。落ちて悪いというわけではない。茨城県を名乗るより、つくば市を名乗った方が東京では通りが良くなったのだ。常総市を知らなくても、つくば市の隣で水害にあったと言えば通じる。常総市のひどい水害のあと、災害担当の大臣よりも先に両陛下がお見舞いに見えられた。それは両陛下が皇太子時代に筑波研究学園都市を訪れていたことも大きかったであろう。

二〇一八（平成三〇）年一〇月三日付の『朝日新聞』に森記念財団の調査（森記念財団都市戦略研究所の経済力や住みやすさなどを総合的に格付けする日本の都市特性評価）による「日本の都市力」が報じられていた。調査した対象の日本の都市は七二、政令指定都市に加え、県庁所在都市、道府県の人口上位の都市を入れている。調査内容は「賃金水準」「文化財指定件数」などの項目八三指標ごとに点数化し、「経済・ビジネス」「文化・交流」などの六分野ごとに合算し、その合計点数でランキングにまとめての発表である。

一位は京都である。二位が福岡市、三位大阪市、四位名古屋市、五位横浜市、六位神戸市、七位札幌市、八位仙台市、九位つくば市、一〇位浜松市。県庁所在地の市が一〇番内に入るのは順当だが、静岡県浜松市は産業都市と世界的に知られてきており、静岡市を抜くのは当然だ。問題はその浜松市の上につくば市の順位がある。県庁所在地の水戸の市名は入っていない。クレオの問題は、そういうことも含めて考えなければなるまい。単に、経済優先のマンション建設では、竹内藤男、山口武平、梶山静六の汗水を無駄に流させたことになる。ノーベル賞を記念する総括的施設が日本にないことがチャンスであろう。クレオの後は「ノーベル」の名前の入る施設が待望される。

つくば市の「クレオ再生　買い取り構想」が二〇一八（平成三〇）年九月二九日付『茨城新聞』の一面に大々的に出た。当初、つくば市当局のアイデアくらいで大げさではなかろうかと思っていた。しかし、茨城県名、水戸市名よりも全国的に「つくば」は知られているという「森記念財団」の都市力調査の発表は、つくば市の知名度をより高めるものだった。

この森記念財団の発表は、茨城県民に一番読まれている読売紙上ではみつからなかった。URはどのような視点でこの調査結果を見るのだろうか。最近高層マンションを林立させている川崎市よりもつくば市が上位である。一〇位内で市の中心部に高層マンションを林立させているところがあったら教えてもらいたい。

クレオの再生は日本の都市力の上位にランク付けされる「つくば市」にふさわしいものでなければなるまい。今後、国からのつくば市域への資金投入の増大は見込まれる一方だ。南牛を、化学技術戦略推進機構のつくば管理事務所の所長に据えた人物は、大きな戦略があった、と最近になって理解できた。

反対闘争が起きなかった理由

日本の都市力でいくつもの政令指定都市を上回って、つくば市が都市力で九位に付けた。都市力は政令指定都市の力を図る指標だと見られていたに関わらず、つくば市が入った。つくば市を構成する六か町村の首長のうち、筑波研究学園都市概成への激務の過程で心労がたたり、関係六町村の広域行政事務組合管理者谷田部町長横田栄一氏も任期中に亡くなられた。桜村の藤沢勘兵衛村長は、生き残ったのは俺だけだ、とその政府へ協力、都市建設の苦闘を振り返った。成田と異なってみるべき反対闘争が起きなかった理由の一つに、「公共目的での買収だ」と政府役人が述べ、当時建設省の幹部だった竹内藤男氏が先頭に立ってそれを強調している。

竹内藤男氏はニューブリテン島でイモ作りに専念しながら、包囲する米軍と対峙《たいじ》した陸軍軍人だった。同じ陸軍軍人というか航空士官学校に学んでいた梶山静六氏、海軍中尉として厚木基地の建設に汗を流したドンこと山口武平氏も「次の戦争」に備える、科学力で負けたという認識で研究団地構想に思いを強く入れた。だから土地の買収に熱が入り、税制上の特例を入れることができ、URは安く土地を購入できた。公共目的を言われると、強制買収もちらつくが、地元の情熱が困難を克服した。

それがURに幸いして安い価格で買収している。

五五年前、URは坪単価千円で購入した土地を今度は高く売っている。前の市原市長はURに乗せられて、五〇年経ったから五〇倍と言われたのだろうか。高額にて買わされた。その結果、つくば市民は一人当たり三万円の損失を被ったという試算がある。

帝国海軍の敗退で取り残され、イモ作りで苦労した建設官僚の竹内藤男県知事がつくば市の成立にあらゆる手段を弄《ろう》したのは、敗戦の苦しい体験から、米国に劣る科学力に追いつく「つくば」を造ろうとする政府の方針に忠実であったからだ。その努力のシンボルにクレオがあった。そこにマンションを建てようとするURは、結果として日本の未来を駄目にする方向へ導いていくのではないだろうか。

今村均陸軍中将指揮下の第八方面軍司令部に、竹内藤男氏は一九四三（昭和一八）年一月に転属する。見習士官として経理部勤務となる。竹内氏が所属した第八方面軍はガダルカナル、ムンダ、コロンバガラ、ベララベラ、ブーゲンビル、マヌス島とニューギニアを統括していた。経理部では現地自活班の仕事として、食糧調達に取り組むこととなる。今村均中将は、竹内氏にニワトリの増殖とチョコレートの生産を命じている。ラバウルにはカカオ農園が存在していた。

戦況の悪化とともに本土からの輸送物資の届けられる回数が減少する。竹内氏の回想によれば、赴任以来、米軍機の襲撃に遭わなかった日は一日としてなかったそうである。とりわけ、ガダルカナルからブーゲンビル島へ転進したが、そこに米軍が上陸作戦をかけてきて、その阻止へ出かけた第三水雷戦隊の旗艦・軽巡洋艦川内が撃沈される。世に知られるブーゲンビル島沖夜戦の敗け戦である。

米艦隊のレーダーによる管制射撃を受け軽巡・川内の舵機が損傷した。軽巡・川内の舵機損傷は戦隊の指揮に影響し、戦隊内の衝突を招いている。この時の軽巡・川内の通信将校が横田三郎中尉（海兵六九期）である。

混乱する戦隊の指揮を通信将校が頑張っていた模様は、水雷戦隊を構成していた駆逐艦「時雨」の艦長の記録に残されている。戦った相手の米海軍にはレーダーが装備されていたのに、帝国海軍の第五戦隊（第三水雷戦隊も傘下）にはレーダーが装備されていなかった。日米の科学力の差が海戦を左右した。この一一月二日のブーゲンビル海戦は「目あき」と「目くら」の海戦であった。この海戦の敗北は竹内藤男主計少尉をサツマイモ作りに専念させ、悔しい思いを残した。

梶山静六氏は陸士五九期、航空士官学校に進む。訓練は満洲で受けた。ソ連赤軍の不意の侵入で、大本営は虎の子の航空士官学校生徒を急遽、本土に引き上げている。戦後、日大に学び、後県議から県会議長を務めている。国政へ移る以前、梶山氏は「明治以来一世紀の停滞の間に、他県にグンとひきはなされた後進性の強い貧しい県の姿」を、「これではならない」と考えての県政での活動であったと述懐している。梶山氏は、茨城県の近代化を「新しい地域開発概念による鹿島臨海工業都市づくりと、筑波研究学園都市建設」に求めていると、一九六八（昭和四三）年の年頭の決意で述べている。

10　相棒

科学力の育成こそ「次の戦争に備える」

二〇一八年一〇月七日付『朝日新聞』紙が「競争に疲弊　細る研究力」を特集していたことがある。「論文の生産性ドイツの半分」と、予算が同じとした場合の発表数を問題にしている。ドイツは、今もロシアの軍事的脅威下にある。一人一人の研究者の内面にそれと立ち向かう気迫が感じられるから、使命感の差であろうか。

二〇一八年一〇月七日付『産経新聞』に、オホーツク海のロシアの潜水艦が国後島と択捉島の間の海峡を出入りしているので北方四島は返さないのだから、深い海峡を通過する潜水艦を見つける科学力を示せば返還してくる、という論説が掲載されていた。これは実に説得力のある論理であった。

八〇年代、米国とソ連の軍事的緊張が高まったとき、ソ連の拡大を抑えようと米国・レーガン政権は軍事研究を強化した。その時、共同で当たることで、一番当てにしたのは日本であり、それも筑波研究学園都市の研究機関であった。その日米の対ソ連膨張を抑える研究成果の結果、ソ連は解体へ向かう。

それをドイツは見ていた。井上春成の「次の戦争に備える」は、後輩の池田勇人氏、佐藤栄作氏を動かして研究学園都市の建設へ向かうが、それを茨城県が受け入れていく契機はブーゲンビル島沖海戦に敗れた後、孤立するニューブリテン島でガダルカナルのような餓島になってはいけないと、今村均司令官の命を受け、イモ作りに奮闘した竹内藤男主計少尉だった。

その竹内藤男氏に受け皿として協力を惜しまなかったのは、満洲の地で敗戦を迎えた陸士五九期・航空士官学校で飛行訓練していた梶山静六氏であり、梶山静六氏の相棒が県政界のドンこと山口武平氏であった。中学校の一年先輩であった横田三郎氏の戦死は、山口武平氏にとってそれなりに期するものがあったのであろう、海軍予備学生を志願した。敗戦を厚木基地で迎えている。海軍中尉であった。

当時の谷田部町の横田栄一町長は横田三郎氏の実兄であったから、山口武平氏の説く「次の戦争に備える」ために、は腹に染みたのであろう。谷田部町の研究学園都市建設への協力は、提供した面積に現れている。一九八〇年代までは次の戦争に備える気分はあり、その結果ソ連の崩壊へと繋がるのだ。しかし一方では、共産圏からの研究学園都市工作は活発となる。平和攻勢であり、九条を守れ運動であろうか。問題は日本のノーベル賞受賞に現れる成果の基がこの時代の研究に依拠していることである。

知事と共に、つくば市の誕生に大きな力を発揮した山口武平氏が、一九三九（昭和一四）年に水海道中学を卒業し、秋田鉱専を目指したのは、理工系と医学系に「徴兵猶予」の制度があったかららしい。当時の世相は戦時色であり、二〇歳を迎えると否が応でも兵士として戦場へ赴かねばならない。徴兵検査という関門があるにしても剣道有段者の山口武平氏は甲種合格間違いなしであったろうから、今少しの時間が欲しかったのであろう。

一九四四（昭和一九）年三月に秋田鉱専を卒業後、県下の大企業・日立製作所へ就職する。六月にはサイパン島へ米軍が上陸し、日本の絶対国防圏が侵される。ブーゲンビル島沖海戦の敗戦を機に、航空機の大消耗戦に入り、飛行機操縦と整備の指揮官は、それまでの海兵、海軍機関学校では追いつかなくなり、大学・高専の学生を養成して予備士官に任命する「海軍予備学生」を拡張する。山口氏はその海軍予備学生の第一三期に応募している。相模野海軍航空隊で教育をうけ、予備少尉に任官し、「整備将校」として厚木航空隊に配属される。

研究学園都市の建設が茨城県で話題にのぼる前後のドンに対する県民の認識を知るには、当時の『茨城紳士録』（いばらき新聞社刊）を見ると分かる。

手元にある昭和三九年版に、県議会議員大正一〇年生まれ、現住所・猿島郡岩井町大口、本籍・猿島郡神大実村。学歴・旧秋田鉱専卒。経歴・日製（日立製作所）日立工場、神大実村収入役（昭和二二〜三〇）、猿島郡青年団体連絡協議会長、県青年会理事。宗教・浄土宗。趣味・スポーツ特技・剣道五段。軍歴が記載されていない。

ドンの水海道中学の先輩であり、横田三郎中尉の実兄の横田栄一氏は一九一八（大正七）年生まれ、谷田部町役場総務課長兼広報課長、現住所・筑波郡谷田部町水堀、本籍は現住所に同じ。学歴・旧水海道中学（昭和一一年卒）、経歴・島名農協組合長、島名村長、養蚕組合長、県購連・医療連各理事、筑波郡農協連絡協議会長、土浦市外一五ケ町村土地改良区理事、交通安全協会支部長。宗教・時宗。

後に、筑波郡一帯に波瀾を起こした渡辺安重元県議の名前は記載されていない。折から迎える東京オリンピックへ向けての工事に、谷田部町の青年を引きつれて建設工事現場へ働きに出かけていた。東京オリンピックの工事は、筑波郡一帯の出稼ぎ労働力が支えている。

「つくば市」を作り上げる執念

茨城県政界のドンが県立水海道中学に入学した一九三五（昭和一〇）年、横田栄一氏は四年生、実弟の横田三郎氏は二年生だった。一級上の横田三郎氏は成績は常にトップを争い、海兵へ進む。当時、茨城県下では毎年数名しか海兵へ進学できず、水海道中学の栄誉であった。ドンこと山口武平氏は謙遜して三〇番くらいだった、と述べているが、農家の長男、それも地域社会の中核を担う中小地主の長男としての自覚から、徴兵延期のできる理系の専門学校を選択している。そして卒業後は父親の厳命で茨城へ帰っている。全て親の厳命に従ったわけでないのは、伴侶を秋田鉱専の所在地、秋田から求めている。普通、中小地主の長男は、近隣の中小地主の家から嫁を迎える。

一九四四（昭和一九）年六月、サイパン島に米軍が上陸し、帝国の絶対国防圏が破られる。七月には東条内閣が総辞職する。三月に就職したばかりだったドンは、六月に海軍予備学生に志願を決意、整備将校として厚木航空隊へ配属される。

厚木航空隊は、本土海軍航空隊の最強基地として知られ、小園安名大佐の指揮下にあった。米軍が厚木に今でも居座っているのは、ある軍事情報通によれば、帝国海軍が防爆設備を完璧に作っているので出ていかないのだよ、という。

小園大佐は、確かラバウル航空隊の副司令を務めていた。ブーゲンビル島沖海戦の敗戦後、米空軍に押されてラバウル航空隊の撤退へ繋がる。軍歌「さらばラバウル」と歌われた。その航空隊が、今度は首都防衛の要になる。その基地整備に従事したのがドンであった。

ラバウルに残されてサツマイモ作りに精出した竹内藤男陸軍主計少尉と厚木航空隊の基地整備の山口武平海軍予備少尉を繋ぐ赤い糸を紡いだのは横田三郎海軍中尉であり、結んだのは小園安名海軍大佐であろう。二人は、その赤い糸で結ばれ、筑波研究学園都市建設では深く提携し、ある意味では謀略に近い手段を弄して「つくば市」を作り上げた。ドンの残した記録では厚木航空隊に関わる記述は、当に戦史ものであった。記憶の確かさを伺わせ、終戦の記録として生きている。

11　北関東型支配

軍歴という強い紐帯

米海軍との死闘に生命を賭けた横田三郎氏と山口武平氏の心を繋ぐのは水海道中学の校歌、「昔、天下平定の東男の魂」を心底に前進したということであり、「つくば市」を陰謀と謀略で合併させた、とはドンに対しては言い過ぎであろう。

つくば市誕生を「陰謀と謀略」と書いたが、それは言い過ぎの一面もあろう。だが、その時代を谷田部町に居住しており、いわゆる「谷田部騒動」を見せられた新住民として、驚かされるものであった。いわゆる谷田部三派と言われる渡辺安重県議派、沼尻民平町長派、木村操派である。

渡辺安重県議は科学万博（一九八五年に開催）直前に脳梗塞で倒れた。だが、その下に土建業者が結集していたこともあって、渡辺派はつくば市誕生まで影響力を持った。科学万博を成功裏に導いた沼尻民平町長は「万博町長」と評価は高かったが、政敵に刺される。

政敵に刺されて逮捕されるのが茨城県では良く見られる政治現象で、サツマイモ作りを自慢していた竹内藤男知事も逮捕されている。そして沼尻派は谷田部町の保守本流であった。それは筑波研究学園都市の概成に功の多かった横田栄一町長の急死を受けての、後継町長でもあったからだ。横田栄一町長が急死した後、その後継の沼尻民平町長へ対立者として、木村操町議が浮上する。木村操町議の周辺には、渡辺県議の下へ行かない、行き辛い土建業者が集まっていた。

横田栄一町長は水海道中学の後輩・山口武平県議とはツーツーであり、一般に谷田部町は水海道中学卒が保守本流の知的階層を構成していた。その点、隣の新治郡桜村は土浦市に隣接しており、土浦中学卒であった。本来、地方政治に台頭する筈のない自作農で高等小学校卒の渡辺安重氏を県議に押し上げたのは、旧小作農民層の支えがあった。茨城県歴史編纂室の塙作楽室長は「右翼農民運動家」と評した。

水海道中学卒のドンと鉾田中学→旧制水戸高校卒の竹内藤男知事の存在は、両者の長い県政への関りが筑波研究学園都市の建設→概成そして町村合併→つくば市の誕生を大きく動かした。そのカギは両者の軍歴にある。これまで繰り返し述べてきたが、両者の心を打ち動かしたのは、井上春成（工業技術庁初代長官）の「次の戦争に備える」という言葉であった。井上春成氏の「太平洋戦争の敗北は科学技術力であったから、次の戦争に備えるための一つに試験研究機関の統一とその団地化が必要だ」という説は、五高→京大の後輩であった池田勇人首相を動かした。

井上春成氏は肥後・細川藩の家老の家を出自としている。池田勇人氏の次の佐藤栄作首相も五高の先輩の言葉に従っている。ドンと竹内藤男氏を繋いだブーゲンビル島沖海戦とは、ドンは水海道中学の一年先輩の横田三郎中尉を戦死させた敗戦であり、竹内藤男氏はニューブリテン島でサツマイモ作りをさせられるきっかけとなった敗戦であった。

東京帝国大学卒の主計少尉で赴任した南方の島で、今村均司令官の命で、お前茨城県出身か、でサツマイモ作りの先導役を務めるとは、さぞ内心忸怩《じくじ》たるものがあったろう。上空には米軍機が飛んでいる。ブーゲンビル島沖海戦で負けなければ、飛んでこない筈の米軍機である。

横田三郎中尉は、重巡・妙高に乗艦し、スラバヤ沖海戦で英国東洋艦隊を撃破する。そして、重巡・妙高から重巡・青葉へ、昭和一七年重巡・青葉に乗艦し、サボ島沖海戦に従っている。昭和一七年一一月から空母・龍鳳に乗艦、翌一八年五月に軽巡・川内の通信将校の病気のために交替する。病気で交替した海兵同期の将校は、戦後の自衛隊再建で大きな役割を果たした。

研究学園都市の建設は北関東型支配の貫徹

戦前の日本の支配は、大地主型支配と呼ばれ、敗戦を境に大日本帝国解体として農地解放が徹底して行われた。大地主を基盤とする貴族院の解消、華族制度の廃止も強行されている。その後の日本政治は吉田自由党、片山社会党の過渡期を経て北関東型支配が定着する。北関東型とは、大雑把にいうと、①旧制中学以上の学歴、②親が戦前に地方政治に関わっていた、③水利事業に関わる、この三箇条が重要条件であろうと考えている。

その北関東型支配の原型は岸信介氏が関わったとされる。茨城県民には、茨城県政界のドン・山口武平氏、自民党領袖の一人・梶山静六氏が浮かぶ。そして全国的には首相に上り詰めた中曾根康弘氏がその典型である。戦後日本で首相を多く輩出した県で知られる群馬県が北関東であることは偶然ではない。就任しなかったが、栃木県や茨城県は首相候補を輩出している。田中角栄氏はその亜流であり、その派閥には三条件に当てはまる議員が集まった。

関東甲信越地域の自民党議員を調べれば明白だ。研究学園都市建設の記念施設完成披露に、中央政界から金丸信氏、竹下登氏、茨城県から竹内藤男県知事、そして桜村の藤沢勘兵衛村長に谷田部の横田栄一町長が並んでテープカットしている。

藤沢勘兵衛村長のみ大地主出身なので、いわゆる北関東型に分類できないが、他の四人はそうであった。竹下登と金丸信は地方の造り酒屋の息子であった。研究学園都市の建設が北関東型支配の貫徹であったことに留意する必要があり、谷田部町長選挙では、横田栄一候補の選挙応援には必ずドン・山口武平氏の姿があった。

梶山静六氏は六男、父親の金松は旧制水戸中学に学んでいる。自作農から地主へと農業を経営と捉えた先覚者であった。金松五二歳の時の子供である。末子である。母親さきの大きな愛で育ったと言われるが、さきの尊父は村長を務めている。その影響を静六は受けている。

厚木航空隊の小園安名司令は、ラバウル航空隊では副司令であった。海兵五一期の小園司令への、ドンの回想に「月光」が出てくる。月光はラバウルでB－17爆撃機を次々撃墜した「二式陸上偵察機」の後継機である。ドンは「月光」の整備を担当している。東京上空を夜間来襲するB－29の撃墜で知られる戦闘機である。ドン・山口武平海軍少尉は、小園大佐の次の言葉を記録している。

「この戦争はもっと早くやるか、逆にもっと遅れてやるべきだった。開戦時期が中途半端だ。それに電探（レーダー）をもっと早く実用化する必要があった」

その言葉を発した小園司令にはブーゲンビル島沖海戦の敗北が頭にあったろう。あれはレーダーさえ、という思いであったのだ。それを聞き、記録したドンの脳裡には水海道中学の一年先輩、海兵六九期の横田三郎中尉の無念の戦死があったろう。レーダーさえ装備されていれば、米海軍に負けるわけはなかったのだ。

12　平穏と庸才そして谷田部三派

公共工事と土建会社

横田三郎海軍中尉の尊父・内蔵之丞氏は一八七五（明治八）年三月生まれ、明治二四年に東京高等農学校を卒業し、大蔵省専売局技師となり、明治二九年に研修で米国へ派遣される。今、日本へ東南アジアから研修生が派遣されてきているが、当時は日本から米国へ研修生が派遣されていた。

内蔵之丞氏は現地で退職し、五年間滞米して帰国している。大正八年から筑波郡の農会長を昭和一〇年まで務め、筑波台地上に煙草・箒玉蜀黍《ほうきとうもろこし》の普及・栽培に努力した。その間、島名村の村長を二期務めている。茨城県議会には、昭和六年に四八歳で選出され、二期務める。当時の県会議員としては英語の話せる唯一人の議員であった。

いくつかのエピソードを残している。長男は夭折し、次男・栄一は、父親を見習って海外へ行くこととなり、水海道中学を卒業するや満洲へ渡り、炭鉱経営に関わっている。中学ではドンの三年先輩である。

横田内蔵之丞氏と水利事業を通じて親交のあった藤沢三郎氏は、その識見に触れて孫の順一を東京農業大学へ進学させる。筑波台地の農業の近代化を孫に託したのであろう。その孫が三代目のつくば市の市長選に「民主主義の発信基地になろう」と呼びかけて出馬する。前の二代目木村操市長が、公共事業には自分が好きな土建会社優先政策を露骨にとっていたことを批判しての出馬であった。

市民は、三代目藤沢市長は公共事業の入札を公平に扱うと期待していた。三代目は二代目と異なり、市長独裁の決済は避けた。だが、選挙の協力関係が理想を阻《はば》んだ。二代目市長派と言われていた建設業の星田市議が「顔は弁護士、腹は詐欺師」と詰《なじ》った。顔は弁護士とは、市長選出馬の公約である「公平」を欠いているではないか、それでは詐欺に当たるだろうという糾弾諮問である。

つくば市域の中小の土建会社は、筑波研究学園都市建設投資の公共工事で伸び、生きてきた。それ以前は農民であった。横田栄一氏と共に、研究学園都市の建設を受け入れる主体となった藤沢勘兵衛・新治郡桜村村長は土建会社の立ち上げを薦めている。

知事の仕事

何故に南牛が、水戸一高→東大をご卒業し自治省の官僚であられた方を「平穏な知事」と評しているか。それは、ドンが四選で辞めろと忠告したにも関わらず六選も務めたということなどが大きな要因となっている。

茨城中学→旧制水戸高校の岩上知事は四選で辞めた。知事として晩節を汚さなかった。次の竹内藤男知事は五選を果たし、その後に晩節を汚した。そしてドンの忠告を無視し、五選、六選と知事を続け、平穏と指摘されている橋本氏は、前任者みたいなしくじりはおかさなかった。晩節を汚していない、とも言える。だが、問題はその五選目、六選目の期間の茨城県のイメージの低下である。知事の仕事は可もなく不可もなく務めれば良いのかということになろう。

二〇一八(平成三〇)年一〇月一九日付『産経新聞』に「魅力度最下位県に霞ケ浦あり」という土浦市在住の主婦・坂本裕子さんの投書が載っていた。

「わが茨城県は四七都道府県の魅力度を探る地域ブランド調査で、六年連続九度目の最下位となった。自慢できるものは数々あれど、なにせアピール下手なのだ。日本一大きい湖である琵琶湖(滋賀県)は全国でも有名だが、二番目の面積を誇るわが県の霞ケ浦はほとんど知られていない。…」

茨城県を魅力度最下位に位置づけた元凶は、前橋本知事の五選目、六選目の期間での行政対応にあったということだ。「これでは茨城県は駄目になる」と感じたドンの政治的感性に脱帽するしかない。現大井川知事がこの奈落の底から脱出するには苦労するであろう。

そこで一つ、二つの提案をしたい。

坂本裕子さんご指摘の通り霞ケ浦は全国二位の淡水湖である。しかし現状では、その霞ケ浦に東京都民を引き付ける魅力がない。霞ケ浦よりも狭い浜名湖や猪苗代湖に比べると分かりやすいが、観光地としての魅力がないのだ。それは県に霞ケ浦に東京都民を引き付ける施策がないからであろう。

まず、大井川知事には霞ケ浦湖上から筑波山を臨んでもらいたい。次に、霞ケ浦へサケマスの遡上を促す施策を打ち出してもらいたい。霞ケ浦へ流入するいくつもの中小河川へサケマスが遡上すれば、東京都民の目は霞ケ浦へ自然と集まる。もちろん、つくば市から小野川をはじめいくつもの川が霞ケ浦へ流入している。

旧制中学の解体がもたらしたもの

ＧＨＱの占領政策の第一は、無敗帝国陸軍の解体であった。無敗とは大陸で五〇〇回戦闘して一度も負けていない。太平洋の島々の戦闘は補給路を断たれてから負けている。無敵帝国海軍をレーダーの力で撃破して帝国陸軍の補給路を断って、ようやく米地上軍は勝つことができたのである。

半藤一利は『日本海軍の興亡』の中で、いくたびも戦われたソロモン海戦の最中、米海軍の指揮官の大半に、この戦争に負けるという悲観論が充満した、と叙述している。唯一ハルゼーだけが頑張った、とも記述している。小園安名大佐の「電探の装備があの時あったならば」とドン・山口武平少尉へ語った嘆息が思い出される。

その無敗の帝国陸軍の解体は一大事業であった。華族制度廃止、農地解放から家族制度へ手を付け、思想的には国際共産主義運動を引き入れ、第三国制度などを設け、日本国内の異民族を煽った。

更に、中等教育の旧制中学五年制の解体を図る。いわゆる教育制度を改めたのである。旧制中学こそ、帝国陸海軍の幹部を輩出した教育機関であった。その旧制中学の卒業生こそ、日本再生の大資源、人的資源であると気付いたのが岸信介氏であった。

茨城県政界のドン・山口武平氏はその政治姿勢において、旧制中学の卒業生に焦点を当て、自身も水海道中学のOBを頼りにし、同窓会の会長を長く務めていた。科学万博（一九八五年）の前後からつくば市誕生（一九八八年）そして三代市長に至る四分の一世紀は、「谷田部騒動」という『常陽新聞』の命名が象徴する、地域の地方政治における不安定期であった。

その最大の要因は、ドンの嘆きが聞こえてくるが、旧制中学を卒業した地方政治家の払底であった。谷田部町・横田栄一町長死去後は、町に渡辺派、沼尻派、木村派のいわゆる谷田部三派の鼎立《ていりつ》状態が続く。その三派のリーダー三人ともユニークな存在であったが、旧制中学の卒業生ではなかった。そこをこの谷田部騒動の時代の竹内藤男県知事は、自身の学歴（鉾田中学→水戸高校→東大卒）から来るのか「目に一丁字《いっていじ》なき奴ら」と軽く扱った背景がある。この「目に一丁字なき」者が地方政治に云々は、県歴史編纂室長を務めた方から南牛は直接耳にしている。

谷田部騒動の元凶

泥沼の谷田部騒動の元凶と指摘されているのが、陸軍大尉であった竹内知事である。問題の根源は、竹内知事が谷田部三派の代表者の言葉と立場を理解せず、理解できずに三派鼎立を利用し、自身の業績造りのために煽ったことであろう。業績とは、「つくば市」を造ることであった。結果として知事の業績となり、それは平成の大合併と言われる、全国的な市町村合併の引き金、教訓となり、政府の施策ともなっていく。晩節を汚したと言われるが、四選で辞めることを説くドンの話が疎ましくて、悪名高いフリージャーナリストを使ってドンの行動を監視したのではないかという伝説を残している。

谷田部三派の成り立ちがこの地域を独特に色付けし、そこを県知事に付け込まれた。おそらく、横田栄一町長が健康で執権を続けていれば、県知事も抑制されたであろう。

それは谷田部三派の成り立ち、構成を見れば容易に理解される。派としての構成の早かったのが、渡辺安重県議をリーダーとする渡辺派である。学歴は高等小学校を卒業するや、満蒙開拓青少年義勇軍内原訓練所へ行き、満蒙義勇少年開拓団に配置され、満洲へ赴いている。その後、その開拓団から内地へ帰還し、今度は水戸の愛郷塾の橘孝三郎の門を叩き、右翼の洗礼を受ける。大戦末期に海軍へ志願し、水兵として終戦を迎えている。

渡辺安重氏は自作農であった。農地解放で自作になれた小作農集団を渡辺派として組織できたきっかけは、東京オリンピックであった。ＮＨＫの朝ドラで北茨城からオリンピックの工事に出稼ぎに行く農民の名前に「谷田部姓」を付けていたが、あれは的を射ていた。谷田部町から渡辺安重が旧小作農を主に組織して東京の土木現場へ派遣した。渡辺氏が東京の神田川にかかる橋の上から小便小僧よろしくの行為を行ったことは知られている。度胸を皆に示したのだ。

南牛は御茶ノ水駅でその橋を眺める度に渡辺氏を思い出す。私には、あの橋の上から小便など出せない。

13　谷田部三派とは？

中小地主・旧小作農・町衆の派閥構成

旧小作農主体の渡辺派に対し、木村派は中小地主で固められていた。本来は平地林を主とする木村派は横田栄一前町長を支える派閥であった。横田派は、栄一町長の尊父・内蔵之丞氏が島名村長・県議を務めた上に、筑波台地の農業振興で培った人脈であった。筑波台地の中小地主は横田内蔵之丞氏の指導もあり、葉煙草、箒玉蜀黍《ほうきとうもろこし》などの栽培から、坑木林の植林に励んでいた。水田を基盤とする大地主は農地解放で力をなくしても、筑波台地の平地林を資産とする中小地主は残存した。

その人脈を内蔵之丞から継承した横田栄一町長は研究学園都市を受け入れるに当たって大きな功績を残した。県政界のドン・山口武平氏が水海道中学の三年後輩であり、同時期に同じ教師の下で校歌を唄ったことは大きかった。

その横田栄一町長の死去後に、旧島名村地区の木村操町議が後継者として名乗りを上げ、台頭しようとしたが、旧制中学を出てなく、兵役も務めていないことが災いした。その学歴の問題では、後に竹内県知事から「目に一丁字なき」人物と目され、大きな禍根を残した。東大卒、陸軍主計大尉の履歴を誇る県知事には、兵卒以下に映ったのであろうか。

谷田部三派の残りの沼尻派だが、沼尻民平町長は谷田部の歴史上、二人いる。一九五五（昭和三〇）年の大谷田部町誕生の時、谷田部の町長は沼尻民平氏であった。父親である名前の世襲である。沼尻民平氏とは醤油製造の伝統のある町衆出身であった。筑波台地の畑作は大豆、麦を作っていたので醸造家の存在が成り立っていた。

谷田部の町は「谷田部が城下なら、タニシも魚」と揶揄されたが、れっきとした細川藩の城下であった。高度経済成長を迎える前の昭和の大合併は、谷田部町を中心に周辺の真瀬村、島名村、葛城村、小野川村を合わせる五か町村の合併であった。それは町としての谷田部を発展させる要素があり、その時代の谷田部市街の賑わいを調査した報告書が出ている。「茨城県つくば市谷田部市街にみる往年のにぎわい」（『歴史地理学野外研究』No.16、二〇一四年三月刊）は、筑波大学人文社会科学研究科の調査レポートで良くできている。今にして、これは沼尻民平町長への鎮魂歌となっている。

沼尻派とは、研究学園都市が出来、西武デパートが進出してきて、谷田部の市街に陰りが現れつつあったとき、いかにこの市街を守るかという町衆で形成され、沼尻派には上下関係はなかった。但し、有力な家々の親戚関係は結束を固めていた。

渡辺派は明白に旧小作層を固めていたが、渡辺安重県議を親分とする組織であり、一見暴力団のそれに似ていた。だから、暴力団と親和性を発揮した。木村派は平地林の中小地主の連合体であった横田派を一見継承したが、横田栄一町長のような旧制中学を出ていないところから、人徳による統率力に欠けていた。だから、人の気持ちをつなぐのに、役得というか利害を強調する特徴があった。

沼尻町長が県知事の意向に頷かず、合併を時期尚早と主張した理由は、学園都市の「調和ある郷土作り」のためには、谷田部町という自治体の主張が大切であると思ったからである。拙速な合併により学園都心地区と比べ単なる周辺部になっては谷田部市街は消滅するだろうという予感があった。その沼尻町長の予感は、今、谷田部市街を歩けば納得する。猫一匹が歩いていると揶揄される。

14　目に一丁字なき奴ら

竹内知事の巧妙な懐柔

つくば市誕生には、いくつかの伏線があり、いくつものドラマが生まれ、その誕生に関わった地方政治家は牢獄に、いや中央政治に関わっていた大政治家も牢獄に囚われた。突っ込んでいけば、政治家でない、つくば市域の住民までもブタ箱のお世話になった。故に、その全体像を描くことは一大仕事である。

ここでは主役というか、推進役を務めた旧内務省官僚出身の竹内藤男氏の言葉が、特に谷田部三派のリーダーの一人・沼尻民平町長の逮捕を考える上で大きな比重を持っている。それは再三に谷田部三派のリーダー達を、竹内藤男知事は「目に一丁字《いっていじ》なき奴ら」だと、彼らの発言に耳を傾けなかった、と述べてきた。その淵源に三人のリーダーである渡辺安重氏、沼尻民平氏、木村操氏らが旧制中学を出ていなかったからだと述べてきた。あくまでも三人の側にも問題があるように読める叙述だが、沼尻民平町長の場合には当てはまらない面が大きい。

竹内藤男知事は合併に反対する三人のリーダーに関して、「私利私欲」に走って合併反対を唱えていると断じた。後に、公に竹内藤男の言葉として残している。だから、三人のリーダーを合併賛成に導くため、甘言をもちいた。

渡辺派のリーダー・渡辺安重県議には、その耳元に「初代市長」をちらつかせたと言われている。三期県議を務め、その上を渡辺安重氏は狙っていた。衆議院議員には筑波郡南部に限定される子分の分布では力不足であった。当時は中選挙区の時代だから、市長ということになれば、筑波郡北部から新治郡までに影響力を拡大できると踏んだ。そして竹内藤男知事の意向を胸に、沼尻民平町長の説得に乗り出した。

竹内藤男知事の断定した推測と異なり、沼尻町長は私利私欲で合併に反対していたのではない。あくまでも、谷田部市街の繁栄というか、衰退をいかに防ぐかということにしかなかった。竹内知事の言うように合併反対が私利私欲であったならば、違う対応もしたであろう。遅すぎた感もあるが、「筑波大学人文社会科学研究科　歴史・人類学専攻　歴史地理学研究室」の部厚いレポート「谷田部市街にみる往年のにぎわい」は、沼尻町長の無念をあまねく語っている。

『週刊新潮』（平成三〇年一一月一日号）に、つくばエクスプレスが六両編成から八両編成になり、沿線の地価が上昇する話が出ている。むろん、こういう話は政治家絡みで、近未来に延長される話も出ている。

沼尻町長合併反対の真意

大井川知事は茨城県の知名度アップのため、つくばエクスプレスを茨城空港へ引き入れたいらしい。さすれば沿線の発展は約束される。谷田部三派のリーダー三人が存命ならば、木村操（谷田部町終焉の町長でつくば市二代目市長）の高笑いが聞こえてくる。渡辺安重の家も、沼尻民平の家も長屋門がなかろう、我が木村は長屋門を作ったという。

沼尻民平町長の合併反対は、竹内藤男知事が断定した私利私欲のために反対したのではなかった。江戸時代から続くこの谷田部市街、タニシと比較される城下であっても、れっきとして江戸三〇〇年続いてきた細川支藩の城下町を守る気概の反対であった。竹内藤男知事が合併を押し付けるなら、それに対応するもの、谷田部城下の商人層が納得する、受け入れるものは何かを問う、合併反対だった。

木村町長の誕生により、谷田部町は消滅し、つくばエクスプレスの路線を谷田部城下から大きく外して迂回させた。その結果、江戸三〇〇年の城下が猫一匹通りの市街となる。そんな馬鹿なことがあって良いものか、という沼尻民平氏の無念の思いが聞こえてくる。

　渡辺安重氏の政治的上昇志向は強かった。今でも焼き付いているが、書庫の立派さは見事であった。訪ねる支持者へ、蔵書の量で小学校しか出ていないが勉強はしている、と誇示していた。だが、県議三選目で倒れ病死しなければ、その政治的力量のアップを示すため〝我田引鉄〟を行ったであろう。つくばエクスプレスを谷田部城下に走らせたに違いなかった。

15　領袖

領袖たちの非業の死

谷田部三派の領袖は私利私欲で合併に反対していると断じていた竹内藤男知事が、どのような手段を谷田部町木村操町長へとったか、大きく新聞に出ている。「つくば市合併実現へ竹内知事側――裏金三億円提供申し出」という新聞の見出しは踊っていた。

谷田部三派の領袖の一人であった渡辺安重氏は病死する。合併に反対する沼尻民平町長を説得する努力に勢力を使い過ぎ血圧を高くして病床に伏した、と言われている。沼尻民平町長は知事側の謀略に引っかかった、と言われている。沼尻町長も出獄した後に「竹内知事を恨む」と述べたそうだから、憤死であった。

木村操市長は市長選挙で再選を果たすも、カネをばらまき過ぎて選挙違反で逮捕され、失脚する。木村操市長の逮捕は一九九六（平成八）年だが、谷田部三派の領袖を操り、踊らせた竹内藤男知事は一九九三（平成五）年に逮捕されている。「五選出馬は県政に停滞をもたらす」と反対するドンの忠告を押し切っての出馬が裏目に出たのである。竹内知事には、知事の意向に添ってドンの動向を監視していたフリージャーナリストがいた。その割には脇が甘く、収賄で逮捕された。

谷田部三派の指導層は自身の金銭欲から合併に反対していると思い込んでしまったニューブリテン島でイモ作りに精出した履歴を誇る県知事は、渡辺派領袖・渡辺安重県議の囲い込みに成功する。その裏方で悪名高いフリージャーナリストが動いている。そのフリージャーナリストは理研のP４建設阻止運動でも暗躍し、渡辺安重氏を反対からP４誘致へ翻意させる。悪名が高い、というのはドンからの見方で、ろくに学校を出てない奴がジャーナリスト面をしている、と見ていたようだ。

県史編纂室長の塙作楽さんは、畏友の息子だという思いでそのフリージャーナリストを可愛がっていたものだから、渡辺安重氏を入れた三人の会合を持った。前の岩上二郎知事が、三顧の礼をもって県内では同郷であった塙作楽さんを県史編纂室長に迎えたにも関わらず、塙作楽さんをその地位から外したことが、竹内知事の五選後の暗転する人生を暗示する。

金達壽もそうだったが、塙作楽さんの「謦咳《けいがい》に接した人、誇るべき学歴のない人」は来客者へ壁一面の蔵書を誇る傾向があるという。そういえば、渡辺氏も悪名高いフリージャーナリストも南牛にその壁一面の蔵書を自慢した。

16　竹内藤男知事は次の戦争を考えた？

使命感と伝統固守のつばぜりあい

竹内県知事は「つくば市誕生」を使命と考えていた。科学万博をつくば市誕生へ持っていき、次はグレーターつくば構想（技術科学大学誘致、常磐新線敷設、圏央道建設など）を打ち出せる。米国の対ソ包囲網へ、軍事的研究で筑波研究学園都市を参戦させる、ブーゲンビル島沖海戦での敗戦の恨みは、工業技術院傘下の研究機関で達成される。その期待を込めた昂揚する気持ちは渡辺安重県議の急死で萎む。

そこから沼尻派の領袖・沼尻民平氏工作にかかるのだが、これが意外と手強かった。合併は時期尚早だと、県知事の意向を撥《は》ねのける。更に、県知事の頭越しに米国の科学技術都市との姉妹都市の締結に走る。あれは合併後、つくば市として結ぶべきものであり、県知事が全面に出る姉妹都市締結でなければならない。対米戦争で戦った軍歴のない奴には、悔しさがない。

少なくとも、水兵の渡辺安重氏にはあった。

沼尻町長の合併時期尚早という合併反対は、谷田部城下の賑わいを取り戻す方策を竹内県知事が示さなかったからだ。竹内藤男氏は建設省の役人時代、学園都市を筑波台地へ持ってきたことが自慢であった。その自慢の一つに西武デパートの誘致がある。その西武デパートが谷田部市街の賑わいを奪ったことに目も向けない。そういう竹内藤男氏という人が、今度は知事になって自分の栄誉の追求のみでつくば市誕生をせかしてくる。これは迂闊に、その甘言に乗ったら江戸三〇〇年の伝統を誇る谷田部城下が滅びる、と頑固に沼尻町長は、県知事の甘い言葉を入れた合併案を撥ねのけた。

竹内藤男は陸軍大尉という軍歴を持っている。そこで軍略という作戦にでる。いわゆる陰謀である。

谷田部三派の形成過程

常総台地は北は筑波山、南は霞ケ浦、東は桜川、西は小貝川に挟まれている。一般に、常磐線より北が筑波台地、南が稲敷台地と呼ばれているようだ。由来は筑波郡と稲敷郡に分かれるからだろう。常磐線より北に稲敷郡茎崎村があったが、今はつくば市に組み込まれている。筑波台地の農業に特徴があったのは、茨城県議を務めた横田内蔵之丞氏の営農指導による。電気掃除機の普及前に日本からアメリカまで輸出された座敷箒は、台地の箒玉蜀黍栽培が支えた。あの時代の茨城県の草深い農村が米国経済と結びついたのは、県会議員唯一の英語使いの横田内蔵之丞県議あっての展開であった。更に台地の平地林は薪炭以外に、常磐炭鉱の坑木を支えた。赤松を二〇年ごとに輪伐して、平地林地主は常磐炭鉱へ売却した。

横田内蔵之丞県議は、台地の農業を支える人材教育のため、谷田部に農業学校を誘致した。その農業学校に島名村から木村操少年が学んでいる。木村操氏は青年に達するや、横田栄一氏の選挙を手伝い、横田栄一町長の押しで町会議員に当選する。平地林地主共同体の代表であった横田栄一町長の幕下で活躍する。手下であったが、横田栄一町長の病死後、横田系を継承し、谷田部三派の一つ木村派の領袖となる。

常磐炭鉱の閉鎖は坑木林の必要性を封じた。谷田部町では、一九六〇（昭和三五）年に自動車高速試験場を誘致した。そして三八年に谷田部町三代目飯泉一三町長の時、井上春成氏の研究所団地化構想を受け入れる。主として、谷田部町東部の平地林を埋めていく。この地域には下横場三家が頑張っており、横田栄一町政を批判する勢力を構成していた。

横田栄一氏の町長選立候補には、対立候補として農民運動右派（いわゆる右翼的）の渡辺安重氏が出馬してきたが、惨敗した。谷田部町北部の平地林地主のリーダーになりつつあった木村操町議が横田栄一選対で活躍する。更に横田栄一町長は谷田部城下を押さえる町衆の旦那として沼尻民平氏を助役に迎え、旧小作運動というか農民運動右派の渡辺安重氏を県会議員に擁立し、町長対立候補から外す。その過程で、木村操町議は町議会議長として、農民運動系の町議を束ねる渡辺派に対抗するために木村派を徐々に形成していく。

横田栄一町長は、後に谷田部騒動を起こす谷田部三派がほぼ完成していくなかで、それら諸勢力を抱え込んで研究学園都市の受け入れに尽力した。横田栄一町長病死後の選挙では、沼尻民平助役が無投票で町長に就任する。そして沼尻民平町長の再選では、木村操氏が対立候補として、北部平地林地主層を背景に「横田栄一氏の後継は自分だ」として立候補した。

この選挙の時に石浜氏三千万円問題（沼尻町長二期目の選挙に木村操氏が挑む。沼尻氏を支援する某氏より三千万円の貸付申し入れがあった）の伏線が張られたと言われる。伏線とは、町村合併→つくば市誕生と竹内知事のグレーターつくば構想を受け入れる、ということであろう。沼尻民平町長再選は、渡辺県議＝沼尻町長体制の確立であり、科学万博の誘致へ向かい、用地取得に成果を上げていき、竹内県政を支えることになる。

しかし、茨城県政界のドン、山口武平氏はこの推移を必ずしも心よく思わなかった。山口武平氏は海軍中尉で終戦を迎えている。それが一水兵で、旧制中学校も出ていない渡辺安重県議の横柄な態度には我慢がならなかったようだ。それに県政界で山口武平氏へ対抗する川口県議と沼尻町長は近い縁戚関係であった。当時、山口武平県議への対抗勢力として、川口県議は新治郡の藤沢順一県議、筑波郡の渡辺安重県議を囲い込んでいた。

谷田部町長選に左派候補出馬

科学万博開催の前年（一九八四年）、渡辺派領袖の渡辺安重県議が病死した。科学万博は昭和大帝に二度の行幸を賜り、大成功だった。谷田部町民に沼尻町長への信頼が高まり、その求心力は増した。木村派は縮こまってしまった。渡辺派は領袖の死去で徐々に沼尻派に吸収されつつあった。

渡辺安重県議の死去は竹内知事に合併を断念させた。しかも、沼尻町長は合併の時期尚早論を唱えた。これは竹内県知事の神経を逆なでするものだった。竹内県知事に、ラバウルに籠城させせられイモ作りに専念させられた記憶が蘇る。科学万博で日本にとって科学力を磨くことの大切さを知らしめようとしているのに、軍歴のない奴は科学力の劣勢がどんなものか理解していない。沼尻民平町長の三選目には、同じ谷田部町衆から高野氏を渡辺派の生き残り組・石浜氏が擁立し、歯向かうも敗れた。

竹内藤男県知事を強く推した動機は不明だ。推測だが、謀略を用い、陰謀をはかっても合併時期尚早を唱える沼尻民平町長を貶《おとし》める、辞めさせる決意をしたに違いない。その陰謀に加担したのは谷田部三派の渡辺派生き残り組であったろう。

その陰謀の背景を知らせてくれるのが『朝日新聞』水戸支局記者が追及した『「土建政治」研究』（那珂書房、一九九七年刊）という本である。副題に「竹内藤男知事の人脈と金脈」とある。茨城県下の首長選挙はカネがかかる。そのカネは公共工事の指名で上前を撥ねるのが「常識」になっていた。それを竹内藤男県知事は、公共工事（土木工事）の発注で袖の下をもらった嫌疑で、後に逮捕された。

折からの米ソ冷戦は、レーガンの戦略で、ソ連は軍事的に追い詰められていた。追い詰めるレーガン軍事戦略を支える研究機関に通産省傘下のいくつかの研究機関の名前も挙がっていた。その中に電総研（電子技術総合研究所。二〇〇一年、独立行政法人産業技術総合研究所〈産総研〉に再編される）の名前があった。ソ連はそこに焦点を当てて工作を始めていた。当時の電総研の置かれていた立場は、ソロモン諸島と同じ状況、サヴォ島であった。おそらくＣＩＡが嘴《くちばし》を入れた、という背景事情を述べる専門家もいる。

沼尻町長は「容共的」だと見られた。おそらく竹内知事の軍歴（『追悼』関山忠光追悼誌刊行会、一九七七年刊）から考えて、英霊の声を背景に断を下したのであろうと思われる。その竹内知事の正義感を裏付けたのが、沼尻町長の辞職後、その後継として電総研の労組などが背景となり左派の候補が出馬したことである。

竹内知事は谷田部町長選挙で負けるわけにいかなくなった。それが後に『朝日新聞』などで追及される「つくば市合併実現へ竹内知事側—裏金三億円提供申し出」の背景ではなかろうか。サヴォ島沖夜戦は引き分けで済んだかも知れないが、猫の目（夜間の透視能力）作戦も限界がある。次のブーゲンビル島沖夜戦では猫の目が通用しなかった。ソ連の電総研工作は阻止する。阻止が正義だと竹内知事は思ったのだ。凄い。田舎の牧歌的な町長選挙であったが、それは米ソ冷戦の最前線の戦いであった。谷田部町長選挙での左派の敗退は、ソ連崩壊への一つの糸口でもあった。

17　戦いは怨念を生む

「潮の目」の変化を読み取る

谷田部三派と竹内藤男知事との攻防は、戦後地方政治のありようを示す典型的な政争であった。その対立抗争には、思想的背景、階層的利害、太平洋戦争の捉え方などが入り組んでいた。その余波として木村操市長が逮捕され、藤沢順一市長の登場を歓迎しない雰囲気が現れていた。容共左派の影響というか、沼尻派の左派との結合が心配され、その結果がイケメン市原健一市長の誕生である。思想的に木村操市長が歓迎されていた背景に藤沢順一市長は無頓着であった。それは怨念を生んだ谷田部三派の抗争を理解できなかったからであろう。木村操氏は沼尻民平町長に一度敗れている。だから、その三選目にはあえて立候補しなかった。対立抗争する沼尻派と渡辺派残党の戦いを見守った。

木村氏には、合併時期尚早を唱え、つくば市域最大の労組と提携する沼尻町長を竹内県知事が容認していく筈がないという読みが働いていた。竹内県政では、科学万博の後は圏央道の建設、常磐新線の敷設が行われるから、科学万博に続いて谷田部町と桜村を中核とする合併をせかしている、とも読んでいた。そのため「島名の狐」と呼ばれた木村操氏は、竹内知事の謀略に距離を置いたのだろう。一呼吸置いたのである。

二〇一八年、片山さつき大臣が有識者会合を主催し、スーパー都市計画を打ち出してきた。かつて竹内知事がグレーターつくば構想を打ち上げていた時代を想起させる。

世の中の流れには潮の目がある。日米海軍が死闘を繰り広げていたソロモン海戦で潮の目は、山本五十六連合艦隊司令長官が戦死したブーゲンビル島に米軍が上陸作戦を敢行してきたので、その阻止に出撃した水雷戦闘隊の指令艦である軽巡・川内《せんだい》の通信長・横田三郎中尉が重傷を負った一瞬であった。

艦長とともに戦死したその日である。

米海軍はレーダーを装備し、軽巡・川内の艦橋に一撃食らわせた。その夜戦の模様を記録に収めたのが『帝国海軍の最後』(河出書房、一九五五年刊)である。著者の原為一は海兵四九期卒、ブーゲンビル島沖海戦の時は、旗艦・川内に従っていた駆逐艦・時雨の艦長であった。潮の目は一瞬だ。

今、つくば市が困惑している状況は、三代目市長の市政がその潮の目を見ることができなかったからだろうか。それとも四代目のイケメン市長の市政のためであったろうか。

つくば市の迎えている苦境の一つに、西武デパート撤退後のクレオの処理問題がある。潮の目が変わり、つくば市域へ国の施策を持ち込み、市域の住民へ協力を強く依頼し、それを背景にした谷田部三派と知事の暗闘は、今流れが変わっているのだ。今は国の意向、国策でなく住民の意思尊重という、そちら任せである。それは二〇〇〇年の省庁再編で、つくば市から公務員が消えた瞬間であったろう。国立研究機関が特殊法人へ衣変えした瞬間ともいえる。つくば市から国家公務員が消えれば、国家公務員に東京生活の夢を見させ続けた西武デパートは必要がなくなる。

万札舞い散る谷田部町長選

谷田部三派と竹内藤男県知事の流れを見ておこう。それはスーパーシティ構想であり、「スーパー農村」構想であろう。かつて横田栄一谷田部町長は、その学識と体験（満洲での）から「田園都市構想」に魅かれ、それが研究学園都市を受け入れる一つの要因となっている。むろん、「次の戦争」に備えるも胸を打ったに違いないが、それは個としての横田栄一氏であって、横田町長としては「田園都市構想」であったろう。

谷田部三派で渡辺派は、渡辺安重氏病死後、若頭というべき石浜氏がまとめようとするが、大半は沼尻民平町長へなびいていく。そして沼尻町長が知事の策略と見られる「竹内を恨む」という言葉を残して収監されて退陣した後、町長選挙が行われた。

その選挙には三人立候補した。世間では、沼尻町長の後継と見られていた第二助役は、沼尻町長の拘置中、その代理として万博パビリオン施設の解体と地元小貝川河川敷埋設のため、怨念解消の中立的町政運営を進めたことや、町長擁護の弁護士選任の不満が不信感を抱かせ、沼尻派は後継に「渡辺氏残党の中で石浜氏と対立するグループの働きかけ」で町職員を担いだ。その町職員立候補の背景に、自治労と学研労協という労組がいた。労組は、当面の生活擁護であり、田園都市構想は頭になく、西武デパートが設けられているのは当然、という意識であった。むろん、次の戦争に備えるなど「もってのほか」であった。

世間では沼尻後継と見られていた第二助役は、県知事との提携が噂されたことで、沼尻町長の機嫌を損ねていた。その間隙を縫って木村派領袖の木村操氏が出馬表明し、県知事支援（後に新聞記事で暴露される）の潤沢な資金で町長選を乗り切る。谷田部町内に万札が「舞い散る」と言われた町長選挙だった。

攻防戦のはての谷田部城下の寂寥

ドンはこの情景を苦虫をかみ潰したような表情で眺めていた、と噂されていた。竹内県知事の谷田部三派への工作活動を苦々しく眺めていたドンは、前の岩上知事が四選で辞職した例を示した。つまり五選に出馬するなと、県自民党が勧告したのである。

ドンと梶山静六氏の勧告を、「おこがましい」とばかりに竹内知事は無視をして五選に出馬するが、任期半ばで収賄容疑をかけられて逮捕される。谷田部三派の政争に深入りして工作資金に不足したのだろうか。

ドンこと山口武平県議は、ブーゲンビル島沖海戦で戦死した横田三郎中尉の甥を育てたい、と考えていた。甥は第二助役を務めており、日大での梶山静六・自民党県連会長の後輩でもあった。その育成策に竹内藤男知事は後に邪魔に入った。

ドンは同じような階層、平地林地主で村役場勤務から地方政治へ関わった水海道中学の三年先輩の横田栄一町長と、県西の地方政治、特に研究学園都市を受け入れる事業では提携していた。しかし、横田町長の死後、形成される谷田部三派の領袖連とは、どことなくそりが合わなかった。

渡辺安重県議は、ドンを監視するフリージャーナリストとツーツーであった。そのフリージャーナリストは朝日新聞社水戸支局と通じており、梶山―山口の自民党県連体制を批判する報道を重ねていた。次の戦争に備える思想は共通したが、渡辺安重氏は水兵でしかない。一方、沼尻町長は渡辺派との軋轢《あつれき》のなか、自治労を中心とする左派と接近し、次の戦争よりも今の生活を重視する考えを表明する。沼尻氏の谷田部城下の賑わいを取り戻そうとする姿勢が知事と距離を置くだけではなく、ドンと相容れない労組の後継を指名した。それには学研労協も加担している。

当時の学研労協は日共の武装闘争時代の活動家が主導権を握っている、と目されていた。それに電総研は、モスクワへ行く研究者が目立った。最も、知事とドンの忌避するところだった。知事もドンも帝国敗戦のどさくさに満洲・朝鮮半島北部、樺太・千島へ侵入し、数多の日本人を苦しめたスターリンのソ連を忘れてはいなかった。米ソ冷戦において、平和勢力というソ連側に立つ人物を許せなかった。

竹内藤男県知事は、まず沼尻派の分断を図るためドンと提携したが、意に添う野心満々の木村派領袖の木村操氏を掌中に収めた。当時の谷田部町での木村派は、北部平地林地帯を主に派閥を構成していたので、人口的に少数派であった。それを突破するには、渡辺派の残ったグループと沼尻派の分裂が必定となった。

　この谷田部町最後の町長選、谷田部三派の激突は今に至る禍根を残した。合併で谷田部町としての主体的な主張はできなくなり、常磐新線＝つくばエクスプレスの路線は谷田部城下をはるかに外れて敷設された。更に、谷田部城下対策に関心がない桜地区の三代市長から、筑波・大穂地区の四代市長へ移り、市役所がつくばエクスプレスの沿線へ建設されると、谷田部城下を廃墟へ追いやった。

18　つくばエクスプレス

問題の淵源

谷田部三派と竹内藤男知事との提携・抗争が、今日のつくば市の問題とどのように関わりがあるのかを問われると、その答えは、片山さつき大臣の「スーパーシティ構想」にある。今、日本でスーパーシティのモデルを問われるとつくば市に答えを求められる。

しかし、江戸三〇〇年の城下町で、小なりとも城下の谷田部町市街を潰したのは誰なのかとなる。つくばエクスプレスの路線を大きく迂回させた二代目の木村操市長という声が出るだろうが、その後に修正は効かなかったのか、ボヤっとした市長ではと言うのだった。

今、前々、前の市長の失政というか、西武デパートは逃げ出して、その跡地問題が起こっている。黙っていれば、マンションを建てられ、そのインフラ整備の費用を市は負担させられる。それに高額で売りつけられた土地（前市長は運動公園建設用地として購入した）の購入資金の金利負担につくば市は喘いでいる。そういう淵源を辿れば、竹内知事と谷田部三派の提携と抗争に行き着く、と考えられるので延々と書いている。そして片山さつき大臣のスーパーシティ構想に、つくば市が北部の未利用地とクレオ跡地活用を組み込んで安倍政権へ持ち込めば、持ち込めると思って書いている。

「次の戦争」に備えるため、研究学園都市建設を県側で受け入れた三人の主要人物の軍歴を繰り返し書いているのは、三人が戦争を好んで「次の戦争」に備えようとしたのではなく、三人とも帝国の惨めな敗戦を体験したが故に、二度とあのような体験はしたくないという思いで研究学園都市を受け入れたのだということを強調しておきたいのである。

軍歴はなかったが満洲国解体の過程を味わった横田栄一・谷田部町長も同じ思考であった。まして弟の死が、帝国海軍が敗れる分岐点、猫の目作戦がレーダーに敗れた海戦での戦死だと知った時は尚更であったろうと思われる。

学研労協の影響を阻止する

敗戦という体験は、後年、竹内藤男が知事となり、筑波研究学園都市の公務員をまとめる学研労協という労組の連合体との対決で妥協を許さない姿勢となった。学研労協の指導部が日共によって構成され、国際的な共産主義運動の、それもモスクワに指導部を置く科学者の組織の指導に服していることが容認できなかった。

谷田部町の最後の町長選挙に竹内藤男県知事が深入りしたのは、学研労協の影響力が地方自治体へ入ってくるということが容認できなかったのだろう。当時、コミンフォルムは解散し、国際的な共産主義運動は喪失していたが、ソ連は世界科学者会議は維持し、筑波研究学園都市へ影響力を強めようとしていた。この世界の科学者をモスクワの指導下に置く組織は、一九九一年のソ連崩壊まで維持されている。谷田部町長選はそういう局面での戦いであった。

19　B29迎撃機＝月光

梶山静六代議士の国家観

梶山静六氏は一九四三（昭和一八）年三月に太田中学を卒業し、四月に航空士官学校に入校する。五九期である。昭和二〇年、内地での操縦訓練が困難になり、満洲へ行く。航空士官学校五九期生は昭和二〇年九月に卒業し、少尉に任官する筈であったが、敗戦を士官候補生で迎える。同期に、新義州中学の卒業生がいて、ソ連軍侵入で大切な航空士官学校の生徒を失うわけにいかないとの判断で急遽、内地への引き返しの指令が出る。その時、飛行機で帰る組と鉄道を使って帰る組に分かれたが、早く帰れると思った飛行機組はソ連赤軍に捕まり、シベリアへ持って行かれる。鉄道組は一気に、朝鮮半島を南下したそうである。梶山静六氏は鉄道組であったろう。無事に内地へ帰っている。

沼尻派潰し

つくば市誕生時の苦労を、竹内藤男県知事もドン・山口武平県議も「伝記」に書き残している。それらの背景には、学研労協の存在があり、折からの米ソ冷戦の先端にあり、それはブーゲンビル島的状況だという認識があったと思われる。竹内藤男県知事は、ドンのやり方が遅い、と思ったのであろう。渡辺派石浜氏を木村氏へくっつけ、一気に沼尻後継潰しに出た。その背景には苦い敗戦の思いがあったのであろう。この時、梶山静六代議士が動いたという形跡が余りないのは、ソ連の手先が筑波研究学園都市に入っているという認識はあったのではなかろうか。

県知事とドンが書き残した「伝記」には、戦争における軍人体験とつくば市誕生の経過も記述されている。そして二人ともつくば市誕生では苦労した話を記述し、沼尻民平町長が反対した姿勢も記述している。ドンはさらりとした記述だが、県知事は時に「沼尻民平」と敬称略で記述し、私利私欲のために合併反対を呼号した、と述べている。「私利私欲のために」を強調するが故に、背後関係や時代の情勢が描かれていない。ドンは、つくば市誕生では県知事が終始リーダーシップを発揮した、とも述べている。

『竹内藤男伝』を一読すれば、「竹内を恨む」という一言を残して憤死した沼尻町長の無念が浮かび上がる。江戸三〇〇年間続いた谷田部の城下を守ろうとした姿勢を「私利私欲」のために反対した、と言われては死ぬにも死に切れなかったに違いない。

国際共産主義運動浸透への警戒

つくば市誕生の一九八七（昭和六二）年に、梶山静六代議士は国家公安委員長に就任している。この陸士五九期の国家公安委員長就任の意義は大きく、その後三〇年の日本外交を制御する役割を果たした。更に、この梶山静六国家公安委員長の北朝鮮による日本人拉致を認める発言は、現・安倍晋三政権誕生の引き金ともなっている。梶山静六国家公安委員長の国家観の凄さを示す国会答弁であった。

梶山静六代議士は天狗党の血を引いている、と述べている。明治維新の引き金は天狗党の乱、であった。その梶山静六国家公安委員長の国際共産主義運動を見る目の正しさとその政治姿勢は、つくば市誕生の際にも現れた、と見られている。

竹内知事時代の茨城県政は、竹内・山口・梶山のトリオが行っていた。いや、茨城県政は山口・梶山の相棒が最終決定をしていた、とも言える。そのことが明白になるのは梶山静六氏死後である。ドン・山口武平氏の力が衰えていき、平穏な橋本知事の長期政権化を許し、茨城県の知名度を墜とし、県民に迷惑を与えた。

国際共産主義運動はコミンフォルムの解散で終わったと見られているが、そうではなかった。国際共産主義運動があって、スターリンも毛沢東も金正日も核開発が可能であった。毛沢東と金日成・正日親子の核開発はコミンフォルム解散後、それも茨城県下で開発された技術を基礎としている。つまり、梶山静六国家公安委員長はその自覚の上に、トリオでつくば市誕生に動いた、と見られる。

それは梶山静六国家公安委員長が目にする資料『国際共産主義系前線活動諸組織の実態』に、WFSWのことが記載されているからだ。世界科学者連盟（WFSW）は、コミンフォルムの解散後も組織は継続しており、その世界大会には筑波研究学園都市からも参加があり、梶山国家公安委員長の関心を引いていた。筑波研究学園都市の国立研究機関の各所には、WFSWと連携する、ある意味で傘下組織が網の目のように組織され、それらの構成員は学研労協の一員でもあった。その学研労協の名高い幹部が、コミンフォルム全盛時代の日共武力闘争を支えた勇士であったことも、梶山国家公安委員長は見逃さなかった。

谷田部三派への竹内知事の対応、特に沼尻派への対策には厳しいものがあった。沼尻派領袖・沼尻民平町長の内側に学研労協が入っている、と見ていたからだ。そのことは竹内知事が合併に反対する首長は私利私欲で反対に動いている、と述べていることに現れている。

沼尻町長は江戸三〇〇年続いた谷田部城下を守ろうとした、守る努力を重ねたに過ぎない。

それが合併反対に理解を示す学研労協と提携させ、そこから梶山国家公安委員長に不安感を与えた。

20 「竹内を恨む」

沼尻町長への辞任圧力

沼尻民平町長保釈後の谷田部町は荒れる。当時の新聞には、沼尻派有力町議の犬の首が切られ、違う有力町議宅の塀に散弾が撃ち込まれ、助役の家に灯油が撒かれる、など怪事件が続発したことが掲載されている。今なら週刊誌が飛びつき、テレビ局が殺到するだろう事件が続発する。そういう事件を引き起こした背景に、沼尻民平町長への辞任圧力があったと考えられている。

今から考えれば、沼尻町長の逮捕は疑問も生じるのだが、当時はそれが正義と思わされた。統治者権力意識の県知事と谷田部町の発展を命題として翻弄された沼尻町長。それは仕掛けられた悲劇であった。「竹内を恨む」と言わせた竹内知事も五選を果たすが、汚職容疑で逮捕された。それは建設工事発注の絡む事件で、『竹内藤男知事の人脈と金脈』という本まで作られている。沼尻民平町長を私利私欲の塊のように罵倒した竹内藤男県知事はどうなんだ、どういう県政を行っていたのかが問われている。

一瞬の遅れが命取りになる

一一月二日は横田三郎海軍中尉の命日である。功五級の金鵄《きんし》勲章がその戦死に授与されている。筑波研究学園都市の建設過程では、水海道中学の先輩である横田栄一・谷田部町長宅にドン・山口武平県議は訪れている。横田栄一町長の実弟が横田三郎大尉（戦死後贈位）であり、ドンの水海道中学一年先輩であった。

ドンは常々「自分の今日活躍できるのは水海道中学のお陰です」と述べている。旧制水海道中学→水海道一高の同窓会の会長を長年務めている。横田栄一町長から実弟の戦死前後の話は充分に聞かされている。横田三郎海軍中尉は重巡・青葉に乗艦し、サヴォ島沖夜戦に突入し、青葉艦橋の第六戦隊・五藤存知司令官は両脚を太腿のあたりから吹き飛ばされ、人事不省に陥った。その間、横田中尉は側にいて看取っている。この時の艦橋の惨状と戦闘模様を父母に語り、それが横田栄一町長からドンに伝わった。横田海軍中尉は「髪が逆立つ」ことを実感したと父母に語っている。重巡・青葉は横須賀へ寄港し、修理した。その間に筑波郡島名村へ里帰りし、サヴォ島沖夜戦に戦死した五島司令官の遺品を父母に託し、この後帰郷できないだろうと告げている。

ドンはこれらの話に胸を締めつけられ、次の戦争に備える研究学園都市の建設に尽力した。七巻まで発刊された『筑波研究学園都市』（一九八一年三月刊）誌に、電子技術総合研究所の柏木寛企画室長が「エネルギー・電子・情報技術を研究」することを説明している。

それは電子・情報で敗北していったブーゲンビル島沖海戦以後を考えると、必要な研究であった。米海軍はレーダーを武器に攻めて来ているのに、五藤少将は自分の五感で戦闘を判断しなければならなかったことが、一瞬戦端の開きを遅らせた。側の横田三郎中尉以下に「バカタレ」を連発しながら死んでいる。それは自身の判断の遅れに対する怒りの声であったろう。闘いは一瞬で決まる。竹内藤男知事は国際共産主義運動、それも科学者の運動が筑波研究学園都市へ浸透している様に愕然とし、沼尻民平町長へ強い態度をとっていった。

ドンの苦衷

ドンは沼尻町長へアドバイスできる知恵と才覚を持っていた。しかし、沼尻町長の縁戚は県議会内では反対派・川口派を形成していた。むろん、水兵あがりが領袖である渡辺派は問題外であった。それに合併では竹内県知事がやたらにリーダーシップを発揮し、ドンの周囲に御庭番を配置し、動きを見張っている。ドンの監視は、フリージャーナリストが行い、ドンの行動を知事へ報告していた。そのフリージャーナリストは「俺の使命は山口武平の行動を見張り、その政治を制約することである」と広言していた。あたかも、ドンに反対することが正義だというのだった。

ドンは出身地の岩井の繁栄を考え行動したから、谷田部城下を守ろうとする沼尻民平町長の立場を理解できた。だが、沼尻町長が後継に左派を擁立したことに疑念を抱いた。沼尻町長は谷田部城下の繁栄を考えれば、谷田部西部平地林の利害を考える人物を指名できる筈がなかった。相棒の梶山静六国家公安委員長ほどに学研労協への忌避観は抱いていなかったが、沼尻町長が左派を後継に指名し、学研労協と提携した時、これで谷田部城下はシャッター街になることを確信した模様である。

沼尻町長が逮捕されてから、つくば市誕生そして一回目の市長選までの間の政争には書籍も刊行されているが、凄まじいものであった。決して、竹内知事側が記述した綺麗なものではなかった。知事も陣頭指揮をしたのであろうが、ニューブリテン島のイモ作りのような青春の思い出とはならなかった。谷田部町北部から以北は江戸幕府の遠界処理地で、火付け盗賊改めの長谷川平蔵の活躍した舞台地域であったが、その長谷川平蔵に登場してもらいたいくらいの舞台状況であった。

茨城県政を左右する三人だが、いわゆる国家観を明白に持っていたのは梶山静六国家公安委員長であったから、沼尻派でも左派が後継に登場し、学研労協が地方政治に嘴《くちばし》を入れてきたのには仰天したことであろう。

沼尻派でも穏健であった横田助役は、ドンの後輩、梶山静六議員の大学の後輩ということもあって三人の受けは良かったが、沼尻民平町長を陥れようとした渡辺派残党↓渡辺派若頭とも言うべき石浜氏との提携が噂され、「自己利益のため　手段を選ばず」という怪文書が全戸に配布された。「谷田部町の行政を　横田職務代理・石浜で　すすめようとしている」という実態のない噂が活字化されている。毛筆遣いの迫力あるものだった。

横田助役は、沼尻町長の拘留中、万博パビリオン建物の解体、廃棄問題に直面していた。困った「万博協会」、「県」の哀願であった。投棄埋立地の小貝川河川敷には石浜氏と親しい木村派の議員がいた。

また、石浜氏の実家筋は島名西部の中小地主で石浜家の結婚式に横田職務代理が出席したことも、ためにする話の材料とされた。それは、近く行なわれる町長選挙と三か月後の渡辺県議死去後の県議選挙を想定し、横田氏と石浜氏の関係をダーティイメージに仕立て、沼尻町長が横田氏支援に傾くことを避けたいと思う渡辺派の中の「反石浜不動産事業家グループ」の思惑と考えられる。沼尻町長は誤解し、迷い、そして自治労の推す学研労協の姿も背景に見えてきた左派を後継に選んだ。その時点で国家観のはっきりしていた、ソ連赤軍に追い立てられた軍歴を持つ梶山静六国家公安委員長（この時は就任前）は見放した。ドンは、谷田部町を合併に引き出し、つくば市を誕生させた功績は竹内藤男県知事だと述べ、そのリーダーシップを称えている。それはドンとしては仕方のなかったことで、沼尻民平町長への救いの手を出しようがなかったのだろう。

なお、町長選挙が迫る八月に台風が襲来し、小貝川の石下町側堤防が決壊した。石下町・水海道市は大水害にみまわれた。結果として谷田部町、真瀬地区側の堤防は埋め立て工事もあり、強化されていた。

［閑話休題］

三代目市長を「チコちゃんに叱られる」と批評したところ、意味のわからない表現だと指摘された。今、ＮＨＫテレビで放映されている大評判の番組「チコちゃんに叱られる」である。解答者が間違った答えを述べると、「ボーッと生きてんじゃねーよ！」と五歳児のチコちゃんに叱られるのである。

三代目市長は、在任中に二度大きな失敗をして、市民に迷惑をかけた。それはつくば市民の誰もが叱責したい事件だった。但し、逮捕されることはなかった。三代目市長の品格の好さに付け込んだ部下が責任を問われ、一人は臭い飯を食べ、一人は市役所を追われた。市民が前任者の木村操市長の凄腕に驚いていた。その辣腕ぶりは、公共工事の発注に発揮されていた。更に、その選挙では集めたカネを大量にばらまき、多くの違反者を出した。その反動が、庸才な人を選ばせた。だが、毎回の「チコちゃんに叱られる」状況の市政に呆れて、イケメンの慶応ボーイを四代目に据えた。

21　学研労協の登場

北関東型支配の骨格・旧制中学卒と軍歴

筑波郡谷田部町は東に新治郡桜村、南に稲敷郡茎崎村、西に小貝川、北に豊里町に接していた。そして中を東西二つの谷田川が流れ、牛久沼へ注いでいる。大きな水田地帯といえば、西の小貝川沿いの鍋沼新田であったが、大正期に決められた五〇町歩以上と規定される大地主は水海道市に存在していた。大地主は大きな水利事業との関連で発達したから、谷田川は広い水田地帯を抱える水量がなく、筑波台地を切り刻む谷津田が多い。

従って、農業は平地林を活用する薪炭業から葉煙草、箒草栽培へ向かった。前にも述べたが、横田内蔵之丞氏はそういう平地林地主の長男として生まれ、帝国政府から米国へ葉煙草栽培の学習のため派遣され、畑作農業全般を学び、帰郷した後は筑波郡一帯の農業近代化の指導にあたった。その次男が横田栄一、三男が戦死した横田三郎であった。

長男が夭折したことで、横田栄一氏が横田家を継いだ。そこへ、帝国敗戦後の農地解放で戦前型支配である農村の地主支配が崩壊していき、それに代置する形で中小地主出身の旧制中学卒が大地主に替わり水利事業を統括し、地方を治めるようになった。それを活用、支配形態に取り入れた政治家の代表というか、組織していったのが岸信介氏であった。

一般に戦後の支配形態を北関東型というのは、その特徴が一番現れているからだ。関東鉄道常総線沿線では大地主支配が崩壊したのだが、谷田部町東側の桜村の藤沢家が大地主として戦後も君臨できたのは、けた違いの平地林を所有していたことと、八郷町の中小地主から婿を迎え、霞ケ浦の湖水を筑波台地の上に揚げるという水利事業に乗り出していたからだ。その事業を担った藤沢三郎氏と横田内蔵之丞氏は親しく、自身の三男の名前にしている。一方、藤沢三郎氏は自身の孫を横田内蔵之丞氏の学んだ東京農業大学へ進学させている。

木村派と渡辺派

谷田部三派の一つ、木村派はもともとは平地林農業の中小地主を束ねる横田派として形成されていたものを、横田栄一町長の死去後に縁戚の木村操町議が継承したものである。

木村操氏は横田内蔵之丞氏の誘致した谷田部農業学校を出ていたが、北関東型支配の骨格をなした旧制中学卒でなく、軍務経験もないことが北関東型支配の茨城県における代表格の竹内藤男、山口武平、梶山静六のお眼鏡に適わないところがあった。

谷田部町末期の政治に猛威を振るった渡辺安重氏は、茨城県の県史編纂室長の塙作楽の規定では右派農民運動家であった。茨城県下では左派の農民運動としては常東農民運動が全国的に知られている。その常東農民運動は大地主との戦いを切っ先にして起こっているが、谷田部町では研究学園都市建設に伴う公共工事を取ることを発端として渡辺安重県議の下に組織化されていく。その構成員は自作・小作の連合体であった。

当初は東京オリンピックの工事へ出稼ぎに行った農民が、それなりに土木工事の手法を取得した。その直後に建設官僚・竹内藤男が建設大臣の河野一郎を説得して研究学園都市の建設地に筑波台地を選定する。それに伴う公共土木の工事発注は渡辺派を生じさせる大きな原因となる。農民は土地を耕す手を、台地を切り刻み道路を作るというか都市整備事業へ従事させていった。その研究学園都市が概成されては仕事がなくなる。そこで竹内藤男知事は科学万博を誘致し、渡辺派を懐柔した。懐柔された渡辺安重県議に、万博を契機に町村合併による「つくば市」誕生、更に常磐新線の敷設を吹いた。

憤死した沼尻町長は間違っていたのか

その渡辺派の動向へ異を唱えたのは、沼尻民平町長であった。沼尻町長は谷田部城下、細川藩二万五千石の城下の町旦那衆の一員であった。八〇年代というか、竹内県政全盛当時の谷田部城下は、昭和三〇年代の賑わいから下降しつつあった。それは研究学園都市概成のシンボルであった西武デパートの影響をもろに被っていたからだ。

竹内知事は沼尻町長の時期尚早論を私利私欲の発想だと断じていたが、沼尻町長は谷田部城下の衰退を、これ以上の衰退を防ぎたい、という考えであった。ニューブリテン島を守る一〇万将兵の胃袋を養った自負心で、県下の発展を指揮する竹内知事の上から目線の合併論は、地方政治をないがしろにするように沼尻町長は受け取っていた。

私利私欲のため合併に反対している、と決めつけられた沼尻民平氏を領袖とする沼尻派は、階層的には谷田部城下の商店主などで構成されていた。しかし、合併反対ということで自治労を中心にした左派勢力も後押しした。それにメーデーなどで共同行動を取る学研労協が合流した。学研労協の主力は、農林研究団地の農水省勤務の研究者、通産省工業技術院傘下の研究所職員で構成されていた。その中で、農林研究団地は大半が谷田部町内に存在した。

梶山静六氏が「問題にした」と推定されるのは、学研労協の幹部の履歴であった。戦後最大の国内騒乱であった日共の武力闘争を支えた一員が入っていたからだ。それに工業技術院傘下の労働組合が入っていた通産省職員の労組、全商工の委員長を務めていた人物の毎年のモスクワ訪問は知られていた。

更に、ソ連が世界に張り巡らせていた科学技術の情報組織と見られた世界科学者連盟の加入組織が、工業技術院傘下の研究者を組織化しつつあったことであろうか。それら左派勢力を沼尻民平氏が束ねようとしている、と梶山静六国家公安委員長は見たのであろう。

竹内藤男県知事は一九八三（昭和五八）年に三選され、昭和六〇年の科学万博を迎え、昭和六二年四月に四選されている。その昭和六二年一一月につくば市が誕生する。谷田部町、桜村、豊里町、大穂町の四町村合併での誕生で、「つくば市」とは竹内藤男県知事の命名である。竹内藤男帝国陸軍主計大尉の絶頂の瞬間であった。

この昭和六〇年の科学万博開催から六二年のつくば市誕生までが、谷田部三派の抗争と県知事の絡まりの複雑怪奇な地方政治の表出の時代となっている。今、この時代の洗い直しが必要なのは、第一がＵＲから売りつけられ、年々市民税で金利負担三千万円を強いられる運動公園構想の土地処理の問題。第二がＵＲの下部機関が西武デパート撤退の跡地にマンション建設か、他の活用はあるのかの問題である。

これら二つとも竹内知事の県活性構想の後始末と重なると見られるからだ。谷田部城下が死に体になった今、竹内知事を恨んで憤死した沼尻町長の政治主張と、その継続を訴えた横田助役の再評価が必要となっていることであろうか。

22　科学万博開催の背景

竹内知事の巧妙な仕掛け

竹内藤男知事は一九八三（昭和五八）年に三期目当選すると、科学万博の成功、その万博開催前までの筑波研究学園都市関係町村の合併を急ぐと打ち上げた。合併の中心町村は「谷田部町」と「桜村」であり、この地域を代表する県会議員、谷田部町の渡辺安重氏、桜村の藤沢順一氏はドンとは不仲であった。それで直に竹内知事が当たった。県議の説得は、竹内知事に良い感触を与えた。だから、合併は竹内藤男知事の公約となり、当選後は自信をもって合併を急ぐ、科学万博前に合併させる、させられると豪語した。陸軍大尉は海軍中尉より偉く、ましてや士官候補生とは格が違う、と昂揚していた。

だが、軍歴のない沼尻町長は頑固だった。時期尚早。町役場の職員は科学万博の準備に追われているのに、合併話では町の機能が低下する。自治労だって過重労働には苦情を言ってくる。

それに研究学園都市を引き受け、西武デパートが建設されるや谷田部城下は寂れたではないか。科学万博で谷田部城下が潤う保証はどこにもない。それなのに準備にせかされている。沼尻町長の苦悩と不満は高まる一方だった。

そういう過程で、渡辺安重県議と沼尻町長の会談が持たれた。渡辺安重県議は酒を飲まない。その日、祝い事もあって一杯入った状態で沼尻町長は会談に臨んだ。両者の口論で会談は流れた。町長として主張すべきことを言う毅然さがあった。しかし一杯飲んで現れたことが渡辺安重県議の感情に、怒りを呼んだと言われる。その怒りを破裂させる前に渡辺安重県議は病死した。

渡辺県議の死去は竹内知事に万博前の合併を諦めさせた。そして、今度はその渡辺安重県議の怒りを竹内藤男知事が生かした。竹内藤男知事は巧妙に抗争を仕掛けていく。

梶山氏の警戒

梶山静六氏は怒涛のごとく攻め寄せてくるソ連赤軍の砲声を耳にしながら貨物列車で満洲の訓練場を後にしている。滞空時間五四時間、航空士官学校を卒業することなく、敗戦を迎えている。同じ太田中学校から航空士官学校に学び満洲の空を飛んだ友人は、ソ連赤軍によりシベリア抑留となる。帰国は一九四九（昭和二四）年七月だったそうである。満洲での訓練の分かれが友との運命を分かっている。それに怒涛のごとく攻め寄せるソ連赤軍に、満洲国軍少佐で迎え撃った梶山静六氏の兄・拓郎氏は八月一七日に戦死している。一五日が停戦だから、一七日の戦死はおかしいように受け取れるかも知れないが、情報伝達の遅れであちこちで戦闘は継続されていた。

この梶山静六氏自身の体験と、ソ連の友人への処置、それに実兄の戦死はその精神を大きく包み込んだ。田中角栄氏がロッキード事件で逮捕され、仮釈放で拘置所から出る時に、真っ先に迎えにいったことで梶山静六氏は話題になった。話題にしたマスコミは、田中角栄氏の軍歴と梶山静六氏の関係を知らなかった。

後年、田中角栄氏の娘が、総裁選挙に立候補した梶山静六氏を「軍人」だと表現した。有名な、「軍人、凡人、変人」総裁選挙である。田中角栄は一兵卒としてノモンハンの戦闘に参加している。田中派に所属した梶山静六氏と親分・田中角栄氏の共通の話題と言えば、満洲に攻め込んできたソ連赤軍であった。

一兵卒の田中角栄氏が梶山静六氏を士官候補生であったとしても、旧帝国陸軍の士官として遇したのであろう。父親の対応から、娘は「軍人」未満であった梶山静六氏を軍人と思ったのであろう。軍人、凡人、変人の表現から、軍人との表現は他の二つよりも敬愛の感情が流れている。後に、凡人も変人も首相に就任しただけに梶山静六氏の突然の死は惜しまれる。

梶山静六氏の戦時体験から、ソ連への悪感情は容易に理解される。だから、沼尻民平町長を領袖とする沼尻派に労組の参加が見られ、その指導層がソ連と繋がっている、とのことは重大事だった。谷田部三派の抗争の続くなか、梶山静六氏は国家公安委員長に就任した。

二人の領袖の胸の内

渡辺安重県議と沼尻民平町長の激突には背景があった。科学万博へ木村派が協力しないのは、町長選挙で渡辺・沼尻連合軍に敗退したために町政から逃げていたのだ。どうせうまい汁は県議と町長のところへ行く、という判断であったろう。

一方、竹内知事が万博会場問題で、誘致を筑波町と競わせた。これは沼尻町長へストレスを与えた。更に、用地の確保、買収では地主との交渉に役場職員を当たらせ、結果的には沼尻町長の独力となった。町役場の職員と沼尻町長は走り廻ることとなる。

竹内知事は、合併させよう、科学万博後には第二常磐線の敷設だ、とぶち上げる。建設官僚出身だけに、大きな建設工事の発注のでるプロジェクトには熱心だった。その竹内知事構想に、渡辺県議は飛びついた。配下の土建業者に仕事が取れる。第二研究学園都市の建設だ。谷田部西部から北部の平地林の開発が進む、と。

だが、沼尻町長は町役場の職員を使う立場として、合併話はもう少し後にしてくれ、街作りはこれからだ、となる。その時、沼尻町長は言葉を選ぶべきだったが、「時期尚早」と述べた。それは竹内知事の耳には「合併反対」と聞こえた。更に、沼尻町長が何か私利私欲で合併に反対しているのではと囁く声も届く。

沼尻町長はただひたすらに谷田部の振興を考えていたのだが、竹内知事は私利私欲と受け取った。それで水兵上がりの渡辺県議に陸軍大尉の権威で発破をかける。旧軍人は階級意識があり、上官の命令には弱い。それに国家の使命にも弱い。実務を進める町長の立場と、配下の土建業者に仕事を与えなければならないと考える県議の立場という二人の領袖の間の矛盾を、竹内藤男知事は拡大させた。

23　谷田部城下

地域の子弟の学び舎の町・谷田部城下

谷田部城下の再興、谷田部町の通りに昭和の賑わいをどのようにすれば取り返せるのか。一つの案を横田彭哉氏は提示した。それは学校法人温習塾の石川英昭理事長の「創立一〇周年を迎えて」という〝挨拶文〟の写しだった。

内容は、つくば秀英高等学校の開校から一〇年を迎えた二〇〇五年の挨拶であった。秀英高校創立時には、まさに山の中に建てられた学校だった。谷田部町北部の平地林のなかの学校だった。それが一〇周年どころか、二〇周年を迎えている。内容的にも充実して来ているらしいことが分かる。つくばエクスプレスの開通も大きく寄与しているのだろう。

つくばエクスプレスが谷田部の西部から北部の島名地域の平地林を貫いたことで、二代目木村市長の我欲引鉄だと受け取られ、当初の情報で谷田部中学校近くの土地を求めた新住民の怒りを買っていた。そのせいか、二代目市長の評判は死後もかんばしくない。

その結果として江戸三〇〇年の谷田部城下を猫一匹通りにしたことからも来ていようか。だが、谷田部城下に人通りを取り戻す手法として、彭哉氏が提示するのは、石川英昭理事長の以下の言葉であった。

「およそ一〇〇年前、当時上級学校へ進学できるのはごく一部の子弟だけであることを憂い、それに代わり得る学校の設立が必要であると、明治三九（一九〇六）年に祖父・石川唯一が私立石川温習学校を創設し、広く学問の門戸を開いたのが、つくば秀英高等学校の原点であります」

秀英高校はつくばエクスプレスが大きく翼を広げさせている。彭哉氏は、温習塾の一〇〇年が生き返るのだ、谷田部城下三〇〇年の伝統が簡単に、その火を消すことはない、と述べる。問題は、今度は谷田部城下がいかなる教育機関を城に替わるものとして誘致するかだ、と説く。

一九〇六（明治三九）年に温習学校を開学した石川唯一氏は、横田内蔵之丞氏の父の実家・石川家の当主だった。島名村の村長を長年務め、礎を築いた石川慶喜氏の長男である。石川家はこの地域、島名郷の時代からの名家でもあった。横田家は婿を石川家から迎え、その長男が内蔵之丞であった。

横田内蔵之丞氏は、一八九一（明治二四）年に東京高等農学校卒となっている。東京高等農学校は著名な農学者・横井時敬が、確か初代校長を務めたことで知られている。その後進である東京農業大学には、つくば市三代目市長藤沢順一氏も学んでいる。

横井時敬は塩水選（種籾の選別方法）の発明者であり、思想家としては「国の元気は中産階級にあり」を唱えたことで知られる。そこに学び、草深い島名の平地林から、その農業改革を目指し米国留学も行った、多分従兄であったと思われる横田内蔵之丞氏の影響を石川唯一氏は受けたと思われる。

石川唯一氏は県立水戸中学に学び、頭脳明晰で知られ、文部省教員検定試験に合格し、宮城県から福島県の県立中学校の教員を務めていたが、病気を患い島名へ帰郷した。療養が一段落してから、学校を起こしたと見られる。

石川唯一氏は、当時の最先端の学問の一つであった考古学にも通じ、石川温習学校では考古学を生徒に教えている。島名郷中世「熊の山遺跡」は、県下一の規模であることがつくばエクスプレス沿線開発で明らかになった。慧眼であった。この「熊の山遺跡」は中世、牛久沼、谷田川流域に群生した葦《あし》より採取する「水酸化鉄」を製練する一大製鋼所跡であったと判明しつつある。葦を採取する子供達を「河童」と呼んだのであろう。広大な島名には山林燃料が豊富にあった。

石川温習学校は千人近い卒業生を出して、一九二二（大正一〇）年に閉じている。その後の大正一五年、谷田部町に町立補習学校が設けられ、農民子弟の教育に的を絞り、農業教育に専念した。谷田部周辺の養蚕業の普及・発展に資した。それを県立農業学校の誘致とするには横田内蔵之丞県議の政治力による。二毛作の普及、畑作としてトマトなど新しい農作物を筑波台地の上に入れ、養豚・養鶏業を盛んにした。特に養鶏では、昭和大帝へ筑波実習学校産として献上している。

明日の谷田部を開く新しい城の構築

彭哉氏は、細川藩の城下が地域の子弟の学び舎の町となったことで維持された、と見ている。つくば市域で江戸三〇〇年の賑わいとして筑波山の門前町、谷田部の城下町の再興が成されなければならないと強調する。筑波山には、新しく「信仰」の対象となる施設、健康願望に適うことでも良いだろう。谷田部城下には新しい「農業」を学ぶ施設があれば、外国人の研修でも良かろう、という。

藤沢市長は木村市長に敗れているが、木村操市長の選挙違反が暴露され、数百人の逮捕劇となる。その結果、領袖の木村操市長も逮捕される。しかし、谷田部北部平地林を横切るエクスプレス路線の利権に、木村派の領袖は逮捕されても派を支えてくれた人々の利益は守った、ということであろう。

今、万博駅前の高層マンションは輝き、陽が暮れると歩くのも物騒な谷田部城下との光度の差が著しく、その明かりの差に悩んでもしようがない。

だが明日の谷田部を開くため新しい城を建てるしかない。幸い、谷田部城下に隣接して農林研究団地が立地している。この農林研究団地は、世界的にも第一級のもののようだ。それに、この農林団地にしかない研究機関もある。この農林団地を新しい城主とできないものか。

政府も開発途上国への援助として、農業問題の解決を図る技術は日本にしかないことを自覚しつつある。その証拠に、JAICA（独立行政法人国際協力機構）の施設にアジア系の青年の姿が増えていることを確認している。彭哉氏の提案は、開発途上国の農業問題を丸抱えすることが谷田部城下の復活に繋がる、というものだった。

谷田部三派の争いの意味

我欲引鉄の勝利に終わった谷田部三派の争闘だったが、その争いは一方で多くの恨みを買い、そして妬みを残した。この谷田部三派の争いは何であったのだろうか。そして何を残したのであろうか。

竹内藤男知事の功績は次の代へ残したが。一方、茎崎町はつくば市に編入合併したが、茎崎町民は合併が自分たちの生活を豊かにしたとは感じていない。むしろ、稀勢の里のいる牛久市と合併すべきではなかったかという思いが強い。

記録を見ていく限り、政治的には五選の負託を受けた竹内藤男知事が逮捕（一九九三年）されてから、合併の功は語られない。しかし、その後の平成の大合併が県下でスムースに運んだ背景には、大きく谷田部三派を争闘に駆り立てた竹内藤男知事の手法が影響している。合併に反対してあのような争闘を県知事に仕組まれてはかなわん、という思いを残していたからだ。竹内藤男知事は想定外の遺産・効果を次の平穏な知事へ残した。

汚職の嫌疑を受け、逮捕された竹内知事だが、今にして思えば、政治的功績を急ぎ過ぎ、結果として沼尻町長は受難する羽目になった。しかし、それは竹内知事が自身の健康からくる、せかされた気持ちが招いた受難であったろうか。竹内知事も裁判中に死亡した。ラバウルでの過酷な生活が長命を保証しなかった。

五町村合併に遅れて茎崎町が入るが、竹内知事は五町村（谷田部町・豊里町・大穂町・筑波町・

桜村）合併の段階で、「我がこと成れり」と叫んでいる。茎崎町をつくば市に編入した時の市長は、三代目藤沢市長であった。我欲引鉄の二代目木村市長が市長職を選挙違反で追われていた。だから、チャンスだったのだ。江戸三〇〇年の細川藩城下の谷田部につくばエクスプレスを引き入れ街作りをする最後のチャンスだったのだ。それを見過ごして、茎崎云々は当たらない。

今のつくばエクスプレスは茎崎町にとって、常磐線牛久駅よりも遠い。農林団地横の住宅用地には新住民、主に公務員が家を新築していた。だから、木村派領袖の二代目市長の我欲引鉄への怒りは続いている。約束が違うではないかいと、二代目の引いた路線を修正できなかったことで三代目市長は、その期待をなくしていく。

24　大地主支配の終焉

ようやく戦前型地方政治から脱却したつくば市

谷田部三派の争いが政治的に退行現象を現した。それは地方政治と言わず、全国的にも珍しい現象の一つとなった。それは戦前型支配の一時的復活であった。戦前の大地主階級の一員が地方政治に登場したことであった。日本中から戦後の農地解放で大地主階級は消えた。消えた。占領軍は帝国の戦争を支えたのは、階級的には大地主階級であったと判断し、その絶滅を目指したからだ。

この当時の地理では「筑波西地方」と規定される地域、今のつくば市域に大地主階級が戦前と同じく地方政治を壟断《ろうだん》できていることは、政治的には驚きであった。戦後日本政治を規定してきた北関東型支配に反する事態でもあった。

その戦前型支配の象徴である大地主の子息が県政界、県議として登場した時、知事もドンも驚いている。

そして藤沢市長待望世論は、木村市政への反動が招いた政治現象である。谷田部町最後の町長選挙では、「木村派領袖」と「沼尻路線を継承するとして中道保守の助役」と、「役場職員」が立候補した。その役場職員には「自治労」「学研労協」が付いた。まさに左派であった。その沼尻派左派代表の役場職員は、今地方政治の舞台から遠ざかっている。それは三代目市長の帷幕《いばく》に投じたことで、自身の政治的生命を同じくしている。今、谷田部三派の争闘で心ならずも谷田部町最後の町長選挙に立候補したもう一人の中道保守の助役が、その政治的生命を保持できているのは、三代目市長の政策に疑念をもち、離反したことだろう。かくしてつくば市は、四代目、五代目の登場で戦前型の地方政治支配の象徴であった大地主支配から脱却したことになる。

筑波研究学園都市概成に協力した町村の明暗

里山は農民に欠かせない存在であった。燃料（薪炭）と肥料（落ち葉拾いと草刈）も供給できた。筑波台地の平地林は常磐炭鉱に坑木を供給する役目があった。二〇町歩あれば、一年一町歩伐採すれば二〇年で一巡でき、燃料も肥料もその間補充できた。

桜村の大地主、県下でも最大規模と言われた大地主藤沢勘兵衛家がその威力を戦後へ残したのは、大規模な平地林所有者だったからだと指摘される。研究学園都市へ六〇町歩以上の買収に応じて、個人として最大の土地提供者となった。買収総面積二一四一ヘクタールのうち谷田部町が全体の三八％、桜村が三〇％であったから、両町村で約七〇％の協力があっての筑波研究学園都市の概成であった。谷田部町・横田栄一町長と桜村・藤沢勘兵衛村長の役割は大きかったのである。

面積の広い谷田部町七九五二ヘクタール（昭和三一年、人口約二一〇〇〇）桜村三四一二ヘクタール（人口約九六〇〇）はその一角に学園地区を誘致し、相乗効果の地域作りを進め、第二常磐線（エクスプレス）の導入と、沿線開発で波及効果を高めた田園都市構想を計画した。

だが、概成の途次、横田栄一町長は病没した。その直後から横田栄一町長後継を巡って谷田部町に政争三派が発生する。その中で勝利を収めたのは、北部平地林地主連合を主体とする木村派の領袖・木村操氏であった。県史編纂室の塙作楽室長の指摘する農民主体の右翼農民運動家であった渡辺派は、領袖の死後、若頭が取り仕切ろうとしたが、農業から分離していた土建業者主体となり、農民の大半は離反する。それらは沼尻町長になびき、渡辺派の勢力は衰えた。最後の町長選では、沼尻派が左右に分裂し、渡辺派石浜氏は木村派領袖を支援した。

この間、この谷田部三派の争闘に嘴を入れ、かき廻し、自己の業績を誇ろうと町村合併・第二常磐線敷設・圏央道の引き入れに奮闘したのが建設官僚を履歴に持つ竹内藤男知事であった。県知事には、建設省誕生以前の内務官僚の履歴もある。

25　竹内藤男の使命感

強い決意の背景

過酷なラバウル生活を送った竹内藤男知事は、その思い出をいくつかの書籍で語っている。それを読む限り、悔しい思いを抱いた生活であり、その悔しさの原点がブーゲンビル島沖海戦の敗北だったという認識を持っていたことが理解される。「ブーゲンビル島の戦闘苛烈となり……」と、「関山君を偲ぶ」なかで語っている。

関山君とは、関山忠光弁護士のことである。竹内藤男知事と関山忠光弁護士は共に旧制水戸高校へ入り、共に東大法科を卒業し、共に今村均陸軍大将の旗下で軍務に就いている。つまり、ラバウルの洞窟で生活を共にしている。非常に珍しい友人であった。ブーゲンビル島沖海戦の敗戦は猫の目が米海軍のレーダーに敗れたことで苦難の生活を強いられた。そのことが研究学園都市の建設に力を入れ、次の戦争に備える必要性を人一倍感じていた。だから、科学万博の開催に力を注ぎ、開催を合併へ繋げ、更に第二常磐線の敷設を打ち上げていく。

研究学園都市の建設予定地が筑波台地に決定するのは、閣議了解とされているが、那須、赤城、富士と筑波の四つの候補地から筑波へ決めさせたのは、建設官僚・竹内藤男が建設大臣・河野一郎へ具申した結果だと、本人が述べている。筑波研究学園都市は、全て自分の手でやる、やらなければならない、は竹内知事の強い思い込みであった。

竹内藤男知事の政治行動を支えた原点はラバウルでの軍隊体験だと推察される。畏友の関山忠光陸軍大尉を偲ぶ『追悼』の巻頭は、竹内藤男知事の「関山君を偲ぶ」で始まり、谷田部三派の争闘の背後にいた梶山静六衆議院議員も「我が人生の師」という追悼文を寄せている。そして巻末に「編集に当りて」に五來博氏が書いているのを見て、この追悼集を五來博氏が編纂されたことを知る。

五來博氏には『南十字星の戦場』という名著があり、そこからラバウルの竹内知事の軍隊生活を推測させてくれる。更に、『ラバウル―最悪に処して最善を尽くす』の存在を知る。そこには関山忠光弁護士がロッキード裁判で生命を燃やさざるを得なかった背景が記されている。田中角栄は米国にやられたという思いが、南方で戦犯に指定された兵士の弁護と重なったのであろうか。

竹内知事の筑波六か町村の合併に闘志を燃やし、あらゆる手段を弄して突き進んだ姿にも重なるからだ。井上春成の「次の戦争に備える」という言葉の一対として、「先の戦争に全力を尽くさなかった奴は、戦後の復興に頑張らない」がある。日共は戦争に反対したことを誇るが、目前の戦後復興では非協力だ、と怒っていた言葉である。

井上春成がレッドパージを断固として傘下組織に行ったことは知られている。竹内知事の、まず科学万博、次は合併、そして第二常磐線敷設（現・つくばエクスプレス）の竹内県政の進みに反対する人々への冷たい仕打ちの背景に、厳しい戦場体験があったのだろう。

『竹内藤男知事の人脈と金脈』という本が平成になって刊行された。一九九七（平成九）年である。出版社は那珂書房で、那珂郡那珂町となっている。著者は朝日新聞の水戸支局勤務歴のある竹内謙、神徳英雄であり、書籍刊行時、竹内は鎌倉市長、神徳は東京本社の経済部次長であった。二人の共通項は出身大学が早稲田ということと水戸支局勤務歴であった。年齢は、竹内記者の方が一〇歳年長である。この書籍刊行時の年齢は、竹内謙・鎌倉市長が五七歳であった。

書籍の主な表題は『「土建政治」研究』で、帯に「県知事竹内藤男逮捕を、その一一年前に

〝予言〟した朝日新聞茨城版連載記事の単行本化」と記載されている。一一年前と言えば、竹内知事が逮捕されて県知事を辞職するのが一九九三（平成五）年だから、一一年引けば一九八二（昭和五七）年になる。

朝日新聞水戸支局は、一九八一（昭和五六）年一一月に牛久沼浚渫《しゅんせつ》と谷田川改修工事を巡っての談合事件を報道している。この時、牛久沼浚渫工事をめぐる裏ジョイント（裏取引を兼ねた談合）談合事件は竹内知事にショックを与えたと指摘している。それは裏ジョイントを組んだ三社のうちの常総開発工業と竹内知事の親密さが広く知られていたからだそうだ。そして竹内知事の土建行政への対応に「地元の議員に相談しない」を朝日新聞記者はいう。側近特別秘書の重用である。

その時の地元議員とは渡辺派領袖の渡辺安重県議であった。その性格から渡辺県議が黙っていたとは考えられない。東谷田川から牛久沼へ出て、利根川を下り、外洋にヨットで遊ぶのは元水兵・渡辺県議の遊びであった。何らかの工事との絡みがあったのだろうか。そういえば、渡辺県議は一九八五（昭和六〇）年に予定される科学万博の観客輸送に、常磐線佐貫駅で下車、昭和大帝の好んだ鰻屋の近くから客船を仕立てて、万博会場まで輸送する構想を打ち上げていた。あの構想の下地に、竹内知事が絡むと『朝日新聞』が指摘した牛久沼浚渫工事があったのだろうか。

谷田部三派抗争に介入した竹内知事の使命感

谷田部三派の抗争を煽り、沼尻派の撃滅を図った竹内知事の真意を理解させるのが、一九九七（平成九）年一一月に出された『「土建政治」研究』という本である。これを読むと、「竹内を恨む」と言って憤死した沼尻町長の心の奥を理解することができる。

「理念の岩上」に対比して「結論の竹内」といわれる。考え方や過程より、実現の可能性を重んじる。確かに竹内県政は実際に「物」をつくることに関しては、一定の評価がある。しかし、理念なき現実論が「土建政治」とそれに連なる人脈を育んできた。その一方で「心」の欠落に失望して遠ざかった人も多い（『「土建政治」研究』二〇九〜二一〇頁）という。

ラバウルの戦場で竹内藤男陸軍主計少尉が学び、大尉へ昇級する過程で求められたのは「理念」でなく「結果」であった。その結果は建設官僚としての取り組みで育まれ、自民党田中角栄氏にも見出され、茨城県知事に迎えられる。そして、科学万博に昭和大帝を迎えた竹内知事の満面の笑顔に読み取れる。

茨城県竹内知事の土建政治が、その後の土木建設業界の談合の規範になったとの指摘は、牛久沼浚渫工事の「裏ジョイント談合」の後の実例が今司法に摘発された大手ゼネコンの「リニア談合」にも見られるからである。この牛久沼浚渫工事の談合事件が摘発された時、竹内知事の表情が変わった、と『朝日新聞』は指摘しているが、それは水戸支局に出入りしていたフリージャーナリストが漏らしたのであろう。竹内知事が衝撃を受けたなど、知事の近くに居なければ分かるまい。

しかし、朝日新聞水戸支局の記者は受けた衝撃を、三選出馬目前の竹内知事の内面で捉えているが、その捉え方は浅い。竹内知事の土建発注はその地元選出の県会議員の嘴を入れさせなかっただけでなく、ヤクザの介入を排除していった（前掲書二一四頁）と指摘されている。確かに、土建工事へのヤクザの介入が減少していく契機を「裏ジョイント談合」が果たしている。

竹内知事が谷田部三派の抗争へ嘴を入れる背景に、地元役座（ヤクザ）の存在があった。そもそもヤクザ集団の発生は西南の役であり、その終焉は敗戦であった。役座とはその歴史から理解されるように帝国陸海軍と共に働いた軍の支援部隊であった。だから、帝国海軍からいうと、横須賀の小泉組、土浦の藤川組は東日本の二大勢力を形成していた。その海軍解体後に役座集団が生き残り策として公共工事へ介入しようとするのを阻止することを使命とした竹内藤男知事の内面が、必要以上の谷田部三派の抗争への介入を行わせた。

三派の成立は谷田部地方の経済基盤の分類から生まれたに過ぎない。あくまでも地方政治の問題であったに過ぎない。それを竹内藤男知事は帝国敗退後の歴史問題として冷酷に処理した。「心の欠落」との指摘（前掲書二〇九頁）がなされる由縁である。

共産党の躍進をもたらした竹内長期県政

竹内知事は一九八三（昭和五八）年四月、三期目に就任する。一九八三年の三選は「豊かな茨城をつくる会」が選挙母体となり、会長にドンが就任し、盤石な体制であった。科学万博誘致も後押しする。一九八一年から八二年前半までの、『朝日新聞』水戸支局の土建政治批判をかわしている。

当選直後に、科学万博成功へ向けての抱負を語り、第二常磐線については、これから路線の設定を行うと述べている。第二常磐線は常磐新線とも呼ばれていたが、敷設されて「つくばエクスプレス線」となる。更に、町村議員選挙との関係で筑波研究学園都市六町村の合併問題は今年（一九八三）一一月までを考えている、と抱負を語っている。

三期目の前年、二期目の終わり、一九八二（昭和五七）年四月にフランスのミッテラン大統領、九月には英国のサッチャー首相が茨城県を訪れ、それを竹内藤男知事が案内している。後に中国の要人も訪れている。来県というけれど、両首脳とも電総研訪問（冷戦末期、ソ連を押し返す原動力の一つであった電総研）が主目的であった。

翌年の六月に、つくばセンタービルが完成する。この一九八三年一一月の合併目標は、沼尻民平町長に反対される。竹内知事は「筑波研究学園都市の中心部にも大きくかかわる谷田部町では町長の沼尻が部分合併についても否定する文書を出すなど、一貫して反対の態度を表明した」（『竹内藤男伝』三六〇頁）と述べて悔しがっている。沼尻民平町長を沼尻と呼び捨てにしているところからも竹内藤男陸軍主計大尉の怒りが伝わってくる。

昭和五八年の合併断念から四年経過した一九八七（昭和六二）年六月に竹内知事は関係六町村長との会議を招集し、年内合併を呼びかける。この間に沼尻町長の逮捕劇（昭和六〇年）が生じている。沼尻町長の逮捕は、地元のヤクザが絡んだ形で組まれた。それは竹内知事にとって自身のジョイント談合疑惑を吹き飛ばす効果もあって、嬉しさ百倍の逮捕劇であった。それは建設省の土木建設工事発注へのヤクザの介入阻止に繋がったからでもある。

つくば市が誕生したのは科学万博の開催後、二年経過した一九八七（昭和六二）年一一月であった。竹内知事がイニシアチブをとった合併だったとドンも認めている。ちなみに「つくば市」は竹内知事の命名である。万博の視察に見えた昭和大帝は、「ここは何市ですか？」と問われた、という噂が流れた。沼尻町長が「谷田部町」だとお答えし、竹内知事が冷や汗をかいた、という尾ひれのついた噂だった。

だから一九八七年四月で四選を終え、四期目は順調な滑り出しとなる。四選はオール与党と共産党の対決となり、大勝であった。だが、共産党候補も一五万票を越す躍進であった。従来の茨城県の共産党票は約一〇万票であった。ドンから、有終の美を飾り引退を勧告されたと言われるが、平成改元後の平成三年に五選目出馬する。茨城県の未来には第二常磐線や圏央道の敷設を控えた線引きが待っていた。その要の位置には忠犬・木村操市長が誕生していた。

『朝日新聞』水戸支局の追及を谷田部騒動でかわした。竹内藤男知事の見事な戦術だった。裏の談合を追及するよりヤクザの介入を阻止すべきだと世論を寄り切ったのである。しかし、共産党の票の増加は大きな脅威だった。水戸支局は、紙面を使ってオール与党化している県政の癒着を追及し、共産党の県議席がもう一つあれば、と嘆いてみせた。だから、共産党の得票数の増加は竹内知事の胸に響いた。

つくば市長選挙での世界科学者連盟の敗退

竹内知事の四選が一九八七（昭和六二）年で、その年に合併させ、翌年の一月につくば市では一回目の市長選挙が行われた。市長選挙では、旧桜村長の倉田弘、県議であった塚本育造、それに学研労協からの立候補があった。

倉田弘候補を木村派領袖が推したことで、倉田弘市長が誕生できて、竹内知事はほっとしている。塚本育造候補と学研労協の候補を合わせれば倉田弘市長の誕生はない。総投票の過半数を倉田弘候補は確保できなかった。

谷田部町の最後の町長選挙で、沼尻派の一部と自治労と学研労協（三五組合五五〇〇名加盟）が共同で押した候補が市長選挙へ出馬する動きがあった。その沼尻派の一部（反石浜不動産事業家グループ）は中村喜四郎代議士と連絡を取り、第二常磐線の路線へ強く口出しを狙っていた。それは竹内知事の意に反することでもあった。市の名称も「つくば市」と竹内知事が決めた。第二常磐線の路線も竹内知事が決めることであった。

「倉田・木村連合」対「保革連合」の戦いは塚本育造県議の参戦で崩される。谷田部町長選挙で燃えた学研労協であったが、中村代議士との提携には躊躇するものがあり、急遽電総研の職員を退職させて市長候補とした。それは国際共産主義系前線組織、いわゆるフロントの世界科学者連盟（ＷＦＳＷ）によるつくば市長奪取の挫折となった。その翌年の一九八九年、ソ連の崩壊が始まる。竹内藤男知事の背後には梶山静六国家公安委員長がついていた。

26　事務局長の躊躇い

「ぶち屋」の動向に疎かった学研労協事務局長

学研労協の事務局長は躊躇した。この躊躇は帝国海軍ではソロモン海戦の経過の中でも見られる。突入すべきであった。部下の突入すべきだという提議をしりぞけ、勝機を逸した提督がいる。戦後、あの時は?と聞かれて、軍艦を失いたくなかった、と突入回避の決断をした事情を弁明した。おそらくその時突入していれば、その後にブーゲンビル島沖海戦の横田三郎海軍中尉の戦死はなかった。

谷田部町の最後の町長選挙では、事務局長は勝機ありと判断し、組織を挙げて突入させている。少なくとも、松代では九割近くが沼尻派左派の候補へ投票した。その票と沼尻町長が後継指名したといわれる自治労系の候補を推せば勝機があると判断した。松代地区は谷田部町域唯一の公務員住宅団地街であり、事務局長もそこに住んでいた。事務局長夫人が電総研の職員だったからだ。

評判の悪い木村派領袖の木村操氏は後がなかった。だが、買収を担う「ぶち屋」を沢山抱えていた渡辺派若頭とも言うべき沼尻町長を告発した石浜氏が木村派の傘下に入ってきた。

事務局長の誤算は、「ぶち屋」の動向に疎かったことと、谷田部町長選挙で沼尻派がまとまらず、沼尻派の中の与党保守系が分離して候補者を擁立したことであった。だから、合併後の第一回目の市長選挙において、木村操谷田部町長が立候補すれば学研労協は沼尻派左派と提携して自治労の候補者を推した。今度は沼尻派の保守系は候補者を出せない、と踏んでいた。

ところが、桜村の倉田弘村長が名乗りを上げ、谷田部三派の木村氏、渡辺派残党がその後ろについた。更に、桜村民はおらが村の村長さんが今度は市長に、と燃えていた。桜村域の公務員住宅は松代住宅よりも少し前に建てられ、筑波大学職員が多く、倉田村長を市長にと動いていた。谷田部の自治労から候補者を持ってきました、が通用しない。事務局長は自治労の候補を市長選挙へ出すには、勝てる自信がなく躊躇した。

埋没した「地域の民主化」派

躊躇を何故に学研労協の事務局長は抱いたのであろうか。谷田部町長選に自治労の推す候補を応援した。その応援過程で二つのことに気付いたのであろうか。

一つは、進歩的民主的だと認識して支援を決めたが、支持母体の沼尻派には学研労協と相容れない人々、左派から見ると事業欲の不純分子が多い。二つは、その中には自民党の竹下派との提携を図ろうとしている。選挙期間中に竹下派の国会議員の応援演説が行われそうになって、事務局長は驚いている。

沼尻派領袖の沼尻民平町長はわかりやすい人物だった。科学万博では自治労の過重労働に理解を示していた。それに土建政治を強行している、闇談合を行っているなどと『朝日新聞』がキャンペーンを張って批判していた竹内藤男知事と距離がある。

その沼尻派には万博パビリオン解体、小貝川河川敷埋立場近くの木村派議員と石浜氏の誘致する「佐川急便関係ゴルフ場誘致」とは別に、ゴルフ場の誘致に走る事業家がいて、そのグループの不動産業者は、第二常磐線の路線図を示す場合があった。ゴルフ場の計画は不明だったが、松代の公務員住宅では第二常磐線の路線図を見せられ、谷田部城下に近い場所へ住宅を求めていた。後から考えれば、谷田部福田坪一帯の買い占めを図り、駅を造らせる計画で動いていた。それらが徐々に明らかになっていく過程で、町長選挙が持たれた。

当時、県はバブル対策として一町村当り一か所のゴルフ場開発申請を認めていたため、その対抗競争も水面下で発生してきた。

沼尻派を継承するという自治労系の町長候補は、町長選挙に敗れた後、雪辱を期すと学研労協へ合併後の市長候補としての支援を申し入れてきた。その申し入れに事務局長が躊躇すると、「私は町役場職員を辞めている」と迫ったそうである。

むろん「町役場の元職員は学研労協と提携して俺に立ち向かってきた」と木村派領袖の木村

第二常磐線ルート素案

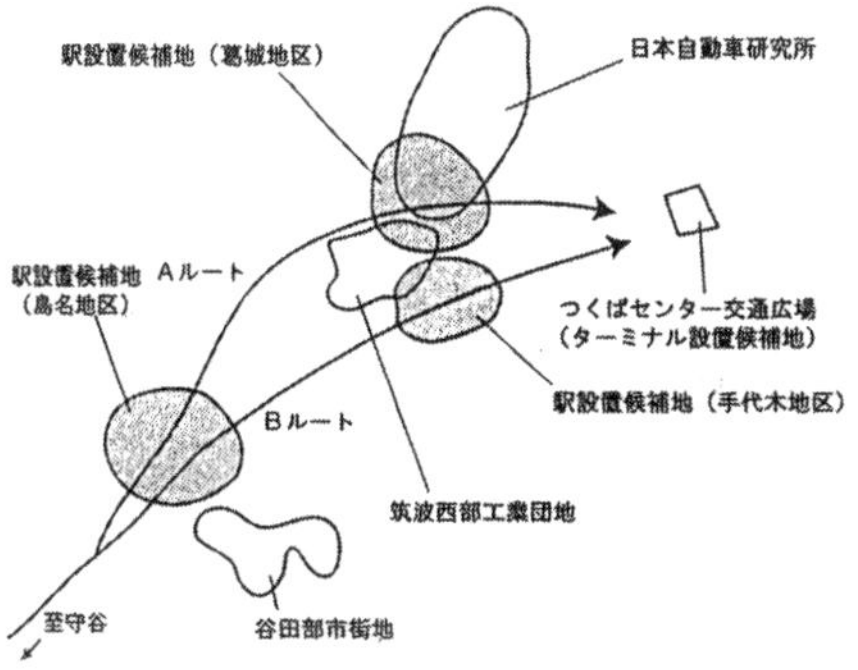

つくば市内の設置駅と沿線開発区域

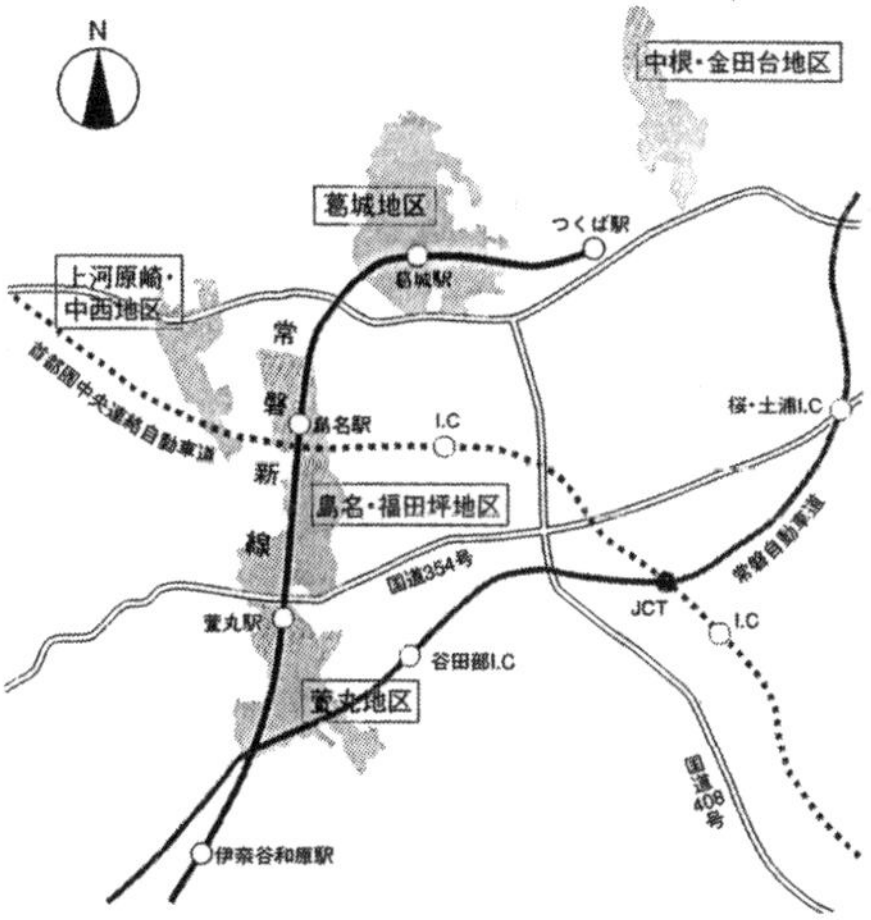

操谷田部町長に苛められる羽目に陥っていた。敵対するものを苛めるテクニックでは木村派領袖は卓越していた。木村操町長にとって、合併の後にくる第二常磐線の敷設路線を考

える と、沼尻派の不動産事業家グループとそれに担がれた自治労系候補は許せなかった。以後、木村町長の報復の中で自治労勢力は退潮してゆく。

日本共産党にとって、つくば市は聖地である。科学万博以降だと思われるが、日共は綱領からプロレタリア独裁という字句を削除した。一九九〇年前後に相次いで社会主義諸国が、マルクス・レーニン主義を国家統治の教義から廃棄していく。

残っているマルクス・レーニン主義を掲げる一党独裁国家は、北朝鮮・赤色支那、ベトナム三か国くらいになった。先進諸国の欧米へのあこがれが日本にマルクス主義を流入させた原動力なのに、今や後進の東亜三か国がアジア的生産様式でプロレタリア独裁を正当化しており、それと日共が同じではまずいのだ。

萩原遼（元日本共産党員、ノンフィクション作家）の仲間であった不破哲三は、そこで「科学的社会主義」を唱えた。その結果、つくば市は日共の聖地と化した。日共＝不破共産党の聖地の関係組織が自民党竹下派と提携できるわけがない。地域の民主化を唱えていた沼尻派から町長選に出馬した候補者は、その歴史の流れのなかで退潮した。

27　怪奇現象

沼尻町長追い落とし作戦

谷田部三派の抗争がクライマックスを迎えた時期を時間軸で追う。

一九八四（昭和五九）年秋、渡辺派領袖・渡辺安重県議が病没する。それを受けて竹内藤男知事は科学万博開催前の合併を断念する。わざわざ声明を出している。一九八五（昭和六〇）年三月科学万博開幕、九月に閉幕。その期間に昭和大帝を竹内知事は案内する。おそらく、その瞬間が竹内知事の生涯で最高の感激を受けている。その伝記には昭和大帝を案内した写真を掲載している。

昭和六〇年一〇月には町長選挙が行われ、沼尻民平町長は三選される。対立候補は筑波町の大地主・江戸家の縁戚であった。江戸家は筑波郡大地主七家の一つであった。選挙対策は主として渡辺派の若頭がする。敗れた石浜氏は警察に告発する。

告発内容は沼尻町長二期目の対木村操氏との選挙資金の返済のため、市内中学校増築工事から捻出しようとして指名業者を町長の了承のもと入札し、資金を捻出したというものである。過って渡辺県議健在の頃、その元で動いた同業者が、その死後、沼尻町長になびく変節に遺恨と面目を賭けたものであった。

昭和六〇年一二月、沼尻民平町長は逮捕される。しかし、告発内容はでっち上げであるという世論の支持もあり、沼尻町長は警察の取り調べに抵抗する。今から振り返ると、竹内藤男知事の「謀略」だと分かる。かなり警察の捜査に抵抗したと理解されるのは、沼尻町長の保釈が翌六一年六月になっていることである。その後、政敵、木村氏の治政下、平成五年四月まで裁判を続け有罪で結審した。

七月には沼尻派町議への怪奇現象（暴力的行為）が相次ぐも、放置される。沼尻町長の辞任を求めるための政治的怪奇現象であった。怪文書が相次いで出されている。その間、木村派領袖・木村操氏の町長選出馬の準備が進む。金の手配が進む。

ついに、沼尻氏は町長を辞任する。激しい竹内藤男知事への憎悪の感情から、自治労そして学研労協に接近し、左派の候補の擁立に走る。一連の経過を知る町長職務代理（第二助役）は保守中道を掲げ立候補した。だが、過って渡辺県議に同調しなかった建設業者の応援を得て木村派領袖の木村操氏は全力を挙げる。その背景に竹内藤男知事の支援がある。木村操氏の「全力」は「金力」である。木村操氏の選挙とは札束を戸別に配布「ぶっ」ことであった。それを一番理解してやったのが竹内藤男知事だと指摘されている。後に新聞で明らかにされた選挙費用三億円は、知事側が借り入れた銀行に返済する見返りに知事の求める合併を進めることであった。その金策に江戸英雄氏も登場する。

谷田部三派抗争の重要性

沼尻町長辞任を求める怪奇現象とは、沼尻派町議宅の犬の首が斬られた、他の沼尻派町議宅塀に散弾が撃ち込まれた、次期町長候補の第一助役の家に灯油が撒かれた、同じく第二助役を誹謗中傷するビラが町内隈なく配布された等、まだまだ列挙しきれないほど多数起こった。

この間の出来事はリアルに土浦で発行されていた『常陽新聞』が反復報道し、町民の不安感を煽った。役場職員のなかに『常陽新聞』の経営者と同級生だったという人物がいたらしく、怪奇現象の報道は早かった。徐々に暴力排除の世論がわき起こり、「非暴力は左派候補」に期待する「風」が出来上がった。

現時点、谷田部騒動から三〇年以上も経過して尚、谷田部三派の抗争が取り上げられるのは、それがつくばエクスプレスの路線の決定へ大きく影響したからである。

つくば市議会で重要課題である西武デパート撤退後の処理、運動公園用地の取得の後始末など、全ての淵源を辿れば竹内藤男知事が嘴を入れ、煽った谷田部三派の抗争に行き着くからだ。渡辺派領袖の渡辺安重県議の突然の病死がなければ、つくばエクスプレスは谷田部城下を通り、公務員住宅を出た公務員が新築した多くの住宅はその恩恵を受けたであろう。いや、渡辺安重県議の病死を受けても、沼尻派領袖の沼尻町長が竹内知事と話を通じていれば、そうなっただろう。

だが沼尻町長は、竹内知事の性急な合併話を一蹴した。その結果としての木村派領袖の木村操町長の誕生である。つくばエクスプレスは木村操市長が線引きしたと指摘される谷田部北部の平地林を通った。南牛は新幹線岐阜羽島駅前の大野伴睦の像を思い出し、万博記念公園駅前を訪ねた。そこには高層マンション群の中に木村マンションが建っていた。

28　グレーターつくば構想

グレーターつくば構想の隠し球

陸軍主計大尉竹内藤男の自慢は、ソロモン海戦で帝国海軍が敗北し、ニューブリテン島に籠城した帝国陸軍一〇万の食糧を賄ったという自負である。だから、県知事の座を握ると県下の事業を一身に行おうとする。朝日新聞水戸支局は「土建政治」だと論《あげつら》うが、竹内藤男知事はその批判を無視する。

四選直後につくば市を誕生させ、第二常磐線（つくばエクスプレス）の建設に奔走する。要の谷田部には「右向け右」と言えば、その通りに動く木村操氏がいる。初代のつくば市長には倉田弘氏が選ばれたが、木村派領袖・木村操氏は副市長に就く。そしてつくば市政は旧町村長の権限を認めた方式を取っている。旧谷田部町域の公共工事の発注は木村操氏が執り行っている。

『竹内藤男伝』の「常磐新線と竹内とのかかわり」の項目を読むと、第二常磐線（常磐新線）

の敷設に竹内知事が深く関わっていることが理解できる。更に、圏央道の建設計画に首都機能を担う地域づくりに乗り出し、それを受け入れる視点で一九九〇(平成二)年に「グレーターつくば構想」を打ち出した。

これは翌年(一九九二)の知事選挙を睨んだ布石であった。竹内知事は五選を狙ったのである。ドンと茨城自民党が五選に難色を示すなかで、「グレーターつくば構想」をぶっつけたのだ。そのグレーターつくば構想の隠し球の一つが、買収しているに関わらず未開発のままであった旧大穂町北部の広大な土地、今の宇宙研が入る広さの土地であった。この土地を、二〇年後の四代目市長が運動公園構想で買収した。現つくば市政は、竹内=木村が何を考えていたかを調査するべきであろう。

富を生む民間企業を誘致したい

グレーターつくば構想とは、何であったのだろう。少なくとも、竹内知事と木村操町長の間では合意が形成されていた、と見られる。それは都心部といわれる吾妻、竹園の公務員住宅を北部の未利用地へ移す算段であった。木村操町長はついでに松代の公務員住宅も北部へ移したかった。そして第二常磐線を引けば、そこへ企業進出がある、と読んでいたのだ。国立機関の次は民間機関、私立大学も含めて出てくる、と竹内知事は考えていた。

竹内知事は、ニューブリテン島で養鶏業を発展させている。軍の一括で行わず、養鶏を兵士の個人産業に切り替えて、一〇万将兵の蛋白源を確保させたことを自慢している。だから、インフラ整備をして土地を提供すれば、つくば市域へ民間企業が出てくる、国立研究機関のみでは発展性がないことを理解していた。ニューブリテン島の経験から、国立機関は富を生まない、民間機関でないと富を生まない、と判断した結論がグレーターつくば構想であった。そのためには都心部から公務員住宅を一掃することであった。

当初は東京から公務員を引き寄せるため、西武デパートも必要であった。今度は公務員を北部へ移し、都心部をがら空きにしなければ民間企業がこない、という判断であった。木村町長は、ついでにうるさい松代の公務員住宅も一掃したかった。知事の方針に木村派領袖は同意していた。グレーターつくば構想は民間企業を入れる方針だったから、それには公務員住宅は邪魔な存在と化し、竹内藤男知事は北部の空き地をそのために使おうと保存していた。その空き地を、竹内藤男知事も木村操町長も消えてから、活用を考えたのが四代目市長であった。

29　公共工事発注

沼尻町長の迷い

谷田部三派の争いが激しく行われた背景には、竹内藤男知事の介入が大きかった。ある意味で壮絶を極めたのは、竹内知事の四選、五選を願望させたグレーターつくば構想に行き着く。だが、谷田部町に限定すると常磐新線（現・つくばエクスプレス）の敷設路線の争いがあった。

沼尻派領袖・沼尻民平町長は逮捕され、保釈されたあと無念の辞任を決意したものの、後継者選択問題に迷う。六か月の拘留空白時間は長かった。無罪願望の心に周囲の思惑が入り乱れて翻弄された。この後継者選択で沼尻町長は迷った。

問題の根っこは、沼尻派の中の不動産投資を重ねているグループが、そこへの路線敷設を願っていたことにある。彼ら不動産グループは学研労組の組合員に接触し、宅地購入を呼びかけていた。時はバブルの絶頂期だった。

第一助役は出馬を辞退した。では、第二助役（横田氏）へと沼尻民平町長の後継指名がいかなかったのは、沼尻派不動産グループの県議選を想定した思惑と、学研労協の野望に乗せられた自治労が反対したからだ。沼尻派不動産グループは、第二助役の背後を邪推して第二助役攻撃の文書を全戸に配布している。当時、谷田部町域ではいわゆる「怪文書」が多く発行された。その水準は日本中でも第一級のものであり、悪質でもあった。

横田職務代理は業務に忙殺され選挙告日前日まで勤め、立候補した。

二人の助役を後継者指名から外す工作が成功すると、木村派領袖・木村操が出馬の準備に入った。沼尻派を分断できれば目があると踏んだのである。当時の町内では圧倒的に沼尻派が強かったので出馬できる雰囲気ではなかったのだが、沼尻派の後継問題が混乱すれば、目があると読んだのである。

渡辺派は農民が主力であり、沼尻派は谷田部城下の商人、木村派は北部平地林の中小地主で構成されていた。渡辺派は、日本全体の農民運動の減退でも説明されるように、徐々に力をなくしていく。もちろん、領袖の病死もあり、谷田部町域では影響力をなくした。

残る二派の争いだが、これは常磐新線の敷設を控えていただけに熾烈を極めた。学研労協は土地の事情に疎かったこともあって、その争いに巻き込まれ、国家公安委員長に疑念を抱かれ、騒ぎを大きくする触媒の作用を果たした。町長選に敗れ、市長選出馬の希望を、階級的利益より自己の上昇欲を優先させる姿勢に学研労協事務局長を辟易させた。市長選出馬できなかった後、隣の桜村の大地主藤沢家に接近する。そして現在、その傘下にいる。

谷田部三派の勢力変化

谷田部町を一時期三分した谷田部三派の存在を明らかにした文書が存在する。それは木村派と沼尻派の代表が沼尻民平町長の三選目前に話し合った「メモ」である。木村派は領袖・木村操氏の意向として三条件を提示した。

1、沼尻民平町長は三期で引退する。
2、木村操が県会議員出馬の際には応援するか、または、次の町長選挙では応援する。
3、町発注の公共工事では、渡辺グループを切る。それに代わって木村派を入れる。

両派代表の会議は石岡市のホテルで持たれている。谷田部町から距離を置いて行われているところが面白い。そして、メモに領袖を亡くした渡辺派をグループといい、一方木村派は派を名乗っている。木村派は領袖を亡くした渡辺派が沼尻派によって解体が進み、渡辺派残党をグループとして認識していたことを示す貴重な資料となっている。

この会議での三条件の提示を沼尻民平町長は一蹴した。一蹴され領袖・木村操の面子が潰される。今から考えると、沼尻民平町長に三派鼎立《ていりつ》の現状への認識がなかった。町長には自分を支持するか、しないか、の二分しかなかった。

竹内・木村コンビの術策にはまった沼尻町長

渡辺安重県議の病死後、木村派領袖の木村操氏は、渡辺派と言わずに渡辺グループと呼称した。沼尻民平町長に渡辺派の多くがなびいた。早期合併へ、合併時期尚早論の俺を潰そうと竹内藤男知事の指示で動く渡辺派は許せない、という考えであったのだろう。再選の時は木村操氏が対立候補で出てきたが、三選に当たって木村派は木村操を県会へ出してくれと交換条件を出してきた。

つまり、木村操氏の立候補はない、と沼尻民平町長は読んだ。そこで、より強気な町政、渡辺派潰しにかかった。窮鼠《きゅうそ》猫を嚙む。渡辺派の石浜氏は、谷田部城下の旦那衆から慶応大学卒を担いだ。その読みは学歴信仰の松代地区の公務員住宅が谷田部農業卒の沼尻民平町長に投票すまい、と読んだからである。

接戦の選挙となったが、それが災いした。選挙で負けた責任をとって、石浜氏は沼尻町長を告発したのである。背後に竹内知事の存在が浮上した。カルロスゴーンが出獄したらおそらく「トランプを恨む」と言うだろうが、沼尻町長は「竹内を恨む」と側近に語った。

竹内知事の転落

これでは全くのブラックユーモアだ。『21世紀は茨城の時代』という本の存在である。表紙はカラー写真。筑波山とその山麓というか、筑波台地に広がる研究学園都市を背景に、大きく竹内藤男知事の顔写真が写っている。竹内藤男知事の笑顔、白い歯が見える。ブラックユーモアと言うのは、この本が一九九二（平成四）年一二月に刊行されているからだ。竹内藤男知事の辞職の前年である。

その後、地味な橋本知事が生まれ、ひたすらに目立たない県政が敷かれる。水戸一高悲願の知事誕生だが、艶聞と縁のなさそうな風貌は竹内藤男知事のスタイルとは対照的であった。そして茨城県の存在は日本国民から遠ざかっていく。全国一の、全国最低の魅力度のなさを迎える。

竹内藤男知事の五選は一九九一（平成三）年だった。翌四年一〇月に関東地方知事会会長に就任する。その絶頂の記念碑が『21世紀は茨城の時代』の刊行である。表紙を見ればわかるように、筑波研究学園都市がそれを保証する筈だった。この本の中で「科学技術・文化・福祉を三本柱に〝創造性豊かな茨城づくり〟で二十一世紀のリーディング県を目指す」と発言し、「世界の研究開発センターを目指すグレーターつくば構想」を打ち上げている。

竹内藤男知事の四選直後の一九九一（平成三）年につくば市長選挙が行われ、谷田部三派の一つ、木村派領袖の木村操氏が二代目市長に当選している。初代の倉田弘市長よりも、竹内知事にとって物分かりの良い市長の誕生だった。前掲書のなかに木村操市長も登場し、「市では新つくば計画、グレーターつくば構想など国、県の進める開発計画との整合性を合わせ持ちながら国際都市にふさわしいまちづくりを心掛けています」と、竹内知事に呼吸を合わせている。ピッタリである。

だが、一九九三（平成五）年七月二三日に竹内藤男知事はゼネコン汚職の嫌疑で逮捕される。ドンはこの時、五選させるべきでなかったという後悔の念を抱いたことは知られている。新聞は、つくば市を成立させる裏工作資金のため、木村操氏の町長選挙借り入れ金三億円の返済だったと、大きく報道した。

30　捨て石

生き残った沼尻派と木村派の県議選

つくば市域は県議選（二〇一八年）に九名も立候補予定者が出ている。今までは定員が四名であった。今度一名増員で五名となったからだ。現役は自民党二人、公明党、日共だったが、保守系が一名の増員を狙って二人立候補するようだ。それに立憲民主党からの立候補は、日共の一角を崩せるのだろうか。

これを谷田部三派の流れで見ると面白い。自民党の星田県議は木村派の若頭を務めていた星田市議の子息で手堅いようだ。旧谷田部町、茎崎村を地盤にして頑張っている。木村派は生き残った。旧筑波町、大穂村、豊里町を地盤にする鈴木県議は、初代市長からの流れに、谷田部三派の一つであった沼尻派右派の後押しを受けている。一議席増に三度目の正直を賭ける塚本候補には、三代目藤沢市長の支援があることと、沼尻派左派の支援もあるようだ。沼尻派は左右に分かれたが、侮り難い勢力を保存している。塚本候補がＪＲの元職員だったこともあり、つくばエクスプレスへの発言力に対する期待もあるようだ。自民党なのに、苦杯を舐めさせられていた飯岡元県議はイケメンの四代市長の後押しが頼みらしい。一部には谷田部三派の木村派との繋がりも指摘されている。

公明は手堅いといわれるが、日共は今回立憲民主党が候補者を出したため票を喰われるであろう。どちらか一人当選すればよいが、保守の競り合いに飲み込まれる恐れがある。この選挙でも明らかなように渡辺派は消えた。農本右派的体質が派として継続に災いしたとも言われる。

札束乱舞の果てのバブル崩壊

ソビエト連邦は一九九一（平成三）年に解体した。木村派領袖・木村操氏はつくば市の副市長を辞め、暮れの市長選挙に勝利した年である。木村操氏は一九八九年のベルリンの壁が崩れたことに勇気づけられたようだ。市政上で扱いに困っていた学研労協へ、精神的に勝てる、と感じたからであろう。そのソ連崩壊を祝うが如く、筑波山から札束が降ってきたという市長選挙を行い、現役市長の倉田弘氏を撃破した。その資金の捻出方法に噂が飛んだ。

倉田弘市長だってカネを使わなかったわけでなかろうが、谷田部三派の一つ、渡辺派領袖の開発した手法、その家に親子二代の夫婦がいるとすれば、一票の単価が一万円とすると、父親に四万円、母親に二万円ないし三万円、息子に二万円、息子の嫁に一万円「ぶっ」のである。四票ある家に、都合九〜一〇万円投入してその家の票を固める手法であった。単価が上がれば「ぶつカネ」も上がる。そして地域によって単価が微妙に違ってくる。

それを倉田弘市長は読めなかった。むろん、新治郡桜村で買収がなかったわけではない。桜村を舞台にした選挙では筑波大学の学生相手に大がかりな選挙買収事件が警察に摘発されている。しかし、筑波大学生の選挙違反の摘発で明らかにされた一票の単価は低かった。

合併前の桜村と谷田部町の選挙では、大きく一票の単価が異なった。その背景には政府も関わる大型の公共工事があり、折からのバブルでの猛烈な地価上昇があった。この地価上昇は、竹内藤男知事も煽った土地開発が重なった。多くの県議は工場誘致で選挙地盤の強化を目指して土地へ投資した。茨城全県がバブルに酔った状態での竹内藤男知事五選は、同じ一九九一（平成三）年の四月であった。

その平成三年三月から平成五年の一〇月までの間、景気後退期を迎える。竹内藤男知事は、腹心を理事長に据えた茨城県住宅供給公社などで収拾に走る。この茨城県住宅供給公社は後に破産する。負債額は五二三億円であった。竹内藤男知事の退場はバブル崩壊とともにあり、一九九三（平成五）年の八月であった。

そのバブル崩壊の波を理解できなかったのであろうか、木村派領袖・木村操市長は一九九五（平成七）年暮れ、市長再選を目指して筑波山麓に再び札束を乱舞させた。多くの違反者が出て、逮捕者が続出した。

谷田部地域発展をめぐる日共と旧陸海軍トリオの暗闘

「学研労協」とは、筑波研究学園都市研究機関労働組合協議会の略称である。昭和六〇年代、一九八五年からほぼ一〇年間、谷田部町と桜村に大きな影響力を発揮した。主体は農林研究団地と工業技術院関連の研究機関に勤務する研究者であり、きわめて日共の影響力が強かった。学研労協の事務局長が日共の五〇年代の武装闘争の指導的人物の一人だったと見られ、竹内藤男知事、梶山静六国家公安委員長、山口武平茨城県自民党幹事長の旧陸海軍トリオに警戒された。

そういうトリオが谷田部三派の地域の発展計画を巡る争闘に介入したから、より騒ぎを大きくした。とりわけ竹内藤男知事の功罪は大きい。「つくば市合併実現へ竹内知事側　裏金三億円　提供申し出」という大きな見出しの記事が新聞に掲載されたのは、汚職事件で竹内藤男知事が逮捕されてからである。

木村派領袖・木村操町長が沼尻町長辞任後の三つ巴の町長選挙で多額の借金をしたとこぼしていた、合併条件のため竹内藤男知事側が肩代わりしたらしい、という記事であった。「つくば市合併で工作」「ゼネコンのわいろ流用か」等の記事は、一九九三（平成五）年の竹内藤男知事逮捕後に新聞を賑わせた。

木村町長は就任後、大穂町との合併を画策した結果、大穂町は混乱して、町長と議会は強行採決を図り、大騒乱を招いた。そして、桜村・豊里町は急転合併に走った。知事の圧力であろう。その逮捕前、常磐新線の農地買収問題で県庁へ出かけた谷田部農協組合長に「町長選挙に敗れた第二助役は今どうしているのか」と心配する声をかけている。それは第二助役を捨て石にして学研労協の力を封じたことに自省の念が湧いたのであろうか。

竹内藤男知事にとって、第二助役はガダルカナル島であった。転進したが故に良心の呵責があったろう。太平洋の島々での対米戦争に実体験から通じていた竹内藤男知事は第二助役の町長選擁立からの撤退、ガダルカナルからの転進を考え、実行したのだ。学研労協主体の「革新首長」誕生の阻止のためであった。

竹内藤男知事逮捕から二年後に行われた市長選挙の翌年、一九九六（平成八）年に木村操市長は前年の市長選挙を巡る買収事件で逮捕された。

懲役一年一〇月、執行猶予五年であった。一審の際、検察側は「組合員四千戸余りを誇る集票能力を有する谷田部農協を丸抱えしようとした大規模な犯行」とし「前近代的とも言える地縁・血縁に基づく閉鎖的な農村地帯を背景とした、醜い虚栄心と旧住民の地域的エゴイズムの合体の表れ」と政治意識の実態を問い、意識改革を迫るものであった。

三代目藤沢市長、四代目市原市長がつくば市政から去った後、五代目五十嵐市長を迎えると、東京の情報誌は「つくば『醜態続き』返上なるか」という記事を掲載した。そこには、「その悪しき象徴の二代目の木村操市長は、助役時代の九〇年、大阪の花の万博で車いすを使って入場し、批判を受けた人物」であり、自らの農地を山林と偽り、ゴルフ場開発を申請した「佐川急便関連会社」に時価の二倍強の一〇億八千万円で売り、市長選への選挙費用をねん出した、と書かれていた。

あとがき

南牛は「安部奎輔」の名前で藤沢勘兵衛氏に関わる事績を著作とした。

一九七九（昭和五四）年、東京工業試験所は筑波に移転し、化学技術研究所と名称変更する。この筑波移転と名称変更を機会に東京工業試験所は「八〇年史」の編纂にかかる。南牛は編纂委員長の藤井欽二郎部長の要請で編纂に従事する。その中で最大の仕事は、東京工業試験所の戦時中から戦後にかけて所長を務めた井上春成への聞き書きであった。

井上春成は戦後の国立試験研究所の再編に従事し、その組織である工業技術庁の初代長官を務めた。

その井上春成が試験研究機関の集合化・団地化を構想して政治家を動かした。池田勇人首相は旧制五高・京大の後輩であった。井上春成の構想に従った。その聞き取り過程で、「次の戦争に備える」という言葉を耳にした。

一九七九年一二月、南牛は筑波郡谷田部町松代の公務員住宅に入居した。茨城県の県史編纂室の塙作楽室長の紹介で、筑波郡選出の渡辺安重県議を知る。その渡辺安重県議は新治郡桜村の藤沢勘兵衛・元村長を紹介した。その後、藤沢勘兵衛翁の研究学園都市概成との関わりを聞き取り、その結果をまとめて『勘翁自伝』として刊行した。

本書は南牛のブログ「朝鮮文化資料室」に掲載したものを中心に編集した。煽動され追従した者と、谷田部町の正義を求めた混乱と悲劇を述懐したものである。上梓にあたって、つくば市域の地誌に詳しい横田彭哉氏始め知人のアドバイスを頂いているが、文責は南牛にある。

なお、本文中で六期県知事を務めた方を「平穏」と表現したのは、県の知名度を下げた責任を問うためであること。

また「庸才」と表現したのは、二代目市長の「公共工事とカネ」の暴政を改革するため、「民主主義の先進都市をめざす」とした八年間だが、苦労を共に戦った市原県議に離反され、その姿勢を四代目市長の「政治の病を治す」という挑戦に敗れた姿を表現したものであることをおことわりしておきたい。

谷田部町抗争史年表

昭和五二年九月　横田栄一谷田部町長死去（三期目途中）。
　沼尻民平助役、無競争で当選し町長に就任。
五六年九月　木村操氏を破り、沼尻民平町長二期目当選。
　万博事業開始（用地買収など）。
五九年　万博会場谷田部町に決定。理研P４騒動起こる。
　竹内知事は万博前の町村合併を急ぐ。谷田部町内で渡辺安重県議と沼尻民平町長の時期尚早論の対立が深まる。
　九月　渡辺安重県議急死。竹内知事、合併を断念する声明を出す。
六〇年三月～九月　万博開催。
　一〇月　沼尻民平町長の三選。
　一二月　沼尻民平町長逮捕。
六一年四月　万博パビリオン施設解体。小貝川河川敷に埋立（横田職務代理）。

	六月	沼尻民平町長保釈。
	七月	沼尻民平町長の辞職を求める怪事件頻発。
		沼尻民平町長の辞職。
	八月	小貝川決壊（石下町・水海道市水害）。
	九月	木村操氏、町長に当選。
		谷田部町と大穂町の合併騒動。
	一二月	桜井姚氏県議当選。
六二年		谷田部町、桜村、大穂町、豊里町の四町村が合併し、つくば市誕生する。つくば市の命名者は竹内藤男知事。
平成　一年		倉田桜村長初代つくば市長に当選。
四年		倉田市長を破り、木村操副市長が市長に当選。
五年		竹内知事逮捕。
八年		木村市長逮捕。
平成一七年八月		エクスプレス開通（つくば～秋葉原）沿線開発始まる。

〈引用文献〉

『勘翁自伝』（一九九〇年）
藤沢勘兵衛翁の晩年に南牛が聞き書きしたものに翁が手を入れたものである。
『土浦用水』（ＳＴＥＰ社、一九九四年）
藤沢三郎・勘兵衛親子の台地に水を上げた業績を安部桂司がまとめた。
『研究学園都市の概成』（ＳＴＥＰ社、一九九五年）
藤沢家が六〇ヘクタールを超える山林を研究学園都市の建設に際し、率先して協力する経緯を安部桂司がまとめている。
『竹内藤男伝』（竹内藤男伝刊行会、二〇〇二年）
『21世紀は茨城の時代』（政策フォーラム特集号、政策時報出版社、一九九二年）
竹内藤男県政を知るに最適の書籍である。功績が誇られている。
『山口武平伝』（山口武平伝刊行会、二〇〇五年）
『追悼　梶山静六』（「追悼　梶山静六　愛郷無限」編集委員会、二〇〇一年）
後藤一平『梶山静六』（時岡泉、一九九一年）

五來博編『追悼』(関山忠光追悼誌刊行会、一九七七年)
『谷田部の歴史』(谷田部町教育委員会、一九七五年)

†著者
安部　桂司（あべ・けいじ）
福岡県生まれ。工学院大学に学ぶ。通産省東京工業試験所、同・化学技術研究所を経て、物質工学工業技術研究所主任研究官、化学技術戦略推進機構研究開発部つくば管理事務所所長を歴任。化学専攻、朝鮮・満洲の鉱工業史の研究に従事。この間在職中の、東京工業試験所80年史の編纂委員を務める。単著に『研究学園都市の概成』（STEP、1995年）、共著に『北朝鮮の軍事工業化』（知泉書館、2003年）、『戦後日朝関係の研究』（同、2008年）。公害対策技術、北朝鮮科学技術にかんする論稿多数。現職・東アジア貿易研究会研究顧問。

「次の戦争」に備える　筑波研究学園都市概成史

2019年6月15日　初版第1刷印刷
2019年6月25日　初版第1刷発行

著　者　安部　桂司
発行者　森下　紀夫
発行所　論創社
東京都千代田区神田神保町2-23　北井ビル
tel. 03（3264）5254　fax. 03（3264）5232
web. http://www.ronso.co.jp/
振替口座　00160-1-155266
装幀・組版／フレックスアート
印刷・製本／中央精版印刷
ISBN978-4-8460-1831-3　